U0074520

徐氏全書第一種

京氏易傳箋

南通徐　昂著

中華民國三十三年冬月弟子江諸范天麟王承業楊臨周蔭穀范本然高岳校印

益脩夫子著書秦望山西齋攝影時民國二十五年

弟子高亨敬題

自述

昂初字亦軒誕生時先君子鱗公遊庠錫名考入塾更今名弱冠後勤學錐手自克枕側資紙筆夢寐中恆有所感而覺讀易至大傳損德之修也益德之裕也因易字益修先師范伯子先生贈長句八章彌用奮勉年逾壯痔發鍼治自左臀繞及腰部前達胯際彊識嘿誦忘其疾苦三十以前著稿盡燬復取尚書作德心逸日休之義自號逸休居恆治學以爲不通周易不能闡義理本源不通古音不能明經傳訓詁專心凝慮無有師承年五十七病亟罣念著稿它無所繫繭然待盡幸而復蘇取復卦六二休復與楞嚴經一處成休復之說別署休復越歲遊杭居秦望山中坐對江峯增益著錄天機感應自然而至辟地海上攜稿自隨纂述不廢以南菁同學蔣君竹莊之介晤無錫黃君星若討論爻辰遁甲六壬又與杭州沈君瓞民商推周易孟氏學及馬氏傳時有契合每日虔持儒釋道三教尊號與其經文造次無間教導子弟讀書重在修養身心不染惡習研治實學勿鶩虛文如是而已撰著易學音學及雜著凡三十種都一百卷約一百二十萬言易學類京氏易傳箋三卷釋鄭氏爻辰補四卷周易虞氏學七卷周易對象通釋二十卷河洛數釋二卷經傳詁易一卷爻辰表一卷音學類詩經聲韻譜八卷易音一卷楚詞音一卷石鼓文音釋一卷說文音釋二卷聲紐通轉一卷等韻通轉圖證四卷音說一卷續音說一卷聲韻學史略一卷納音指法一卷雜著類詩經形釋六卷三教本原一卷佛學筆記一卷楞嚴呪校勘記一卷普庵釋談章呪音釋一卷道德經儒詮一卷讀新約全書一卷演太玄一卷遁甲釋要四卷六壬卦課推法一卷文談正續編七卷休復齋雜志十四卷中華民國三十三年仲冬之月徐昂識時年六十有八

京氏易傳箋自序

昂在杭州秦望山中旣纂周易虞氏學釋鄭氏爻辰補周易對象通釋諸書將欲上闚京氏而亂離之際苦不得其書去年冬至滬上見寓廬中有京氏易傳大憙而擘案之陸氏所注未能盡詳其詳者亦匪易明瞭烏乎人心之不古若蓋明乎消長得失之機者鮮矣昂好治漢易敢以衰邁謭陋而自閼其知乎乃展卷握管於卦體象數消息飛伏世應建候積算星宿氣候變動周流之道皆一一爲之箋釋傳中所引經文拙著前書有已釋及者不復贅也京氏之學源於孟喜虞氏亦然而易文頗有小異者如姤卦大象傳孟氏易云后以施命誥四方京氏易云君子以號令告四方虞氏易云后以施命誥四方同一句也后或作君子施或作號令或作命誥或作告餘如小畜卦京氏輿說輹虞氏輿作車家人卦京氏父子嗃嗃虞氏父作婦虞異於京者不一而足其消息節候亦有與京氏不符者鄭氏爻辰坤卦六爻所配地官次第別於京傳而列宿則通天地之道布四時運二十四節分七十二候降五星列二十八宿其運行變化莫不基於五行干支由無而之有則四方星宿在天成象水火木金土在地成形皆昭昭然有迹可尋也自有而之無則時節氣候干支親屬皆陰陽兩氣之蘊於無形者也繇有無對象推究事物之情狀吉凶悔吝自可會於意象之外天下之動貞夫一京氏於豐卦云不可執一爲定象損卦云不可執一以爲規蓋一者其體不執一者其用由一生二變動發揮推之億萬極之無量反而求之仍歸一本窮理盡性以至於命道實在斯乎京氏之書自漢晉隋唐以來藝文經籍等志所載題名各別卷帙亦殊代有亡失存者無幾當宋之世文字顚倒舛訛已有不可訓者晁氏景迂謂以其象數辨正文字之舛謬於邊郡山房寂寞之中今讀其書錯亂譌誤猶層見而疊出昂箋釋之餘加以訂正其有不能致知者闕之以待來哲有如晁氏所云也中華民國二十八年六月徐昂記於滬濱兆豐別墅寓廬

南通徐昂著

京氏易傳箋目次

京氏易傳箋 卷一

南通徐 昂著

☰☰ 乾下乾上 乾。純陽用事。象配天。屬金。與坤爲飛伏。居世。陸績注壬戌土癸酉金

昂按乾坤飛伏。陰陽交互。乾宮九五爲卦主。而世在上爻宗廟。故云居世。注中壬戌土。指乾卦上九爻。癸酉金。指坤卦上六爻。乾流坤形。金土相生。乾金上九戌土。伏有坤土上六酉金也。

易云。用九見羣龍无首吉。純陽用九之德 九三三公爲應。肖乾乾夕惕之憂。甲壬配外內二象。乾爲天地之首分甲壬入乾位

昂按九三當三公之位。世位上九失正。應在九三爻。兩土相比。而戌辰相衝。九三重剛。故曰乾乾。二四失位。變之正則九三互坎當陽。惕憂卽坎象。乾卦於天干首列甲位。八卦納甲。至巽辛而極。循環至乾。故乾又配壬。分內外二象。內卦配甲。外卦配壬。坤卦亦分內外二象。八卦中乾坤獨尊。故內象外象所配之天干皆有別。

積算起己巳火。至戌辰土。周而復始。吉凶之兆積年起月積日起時積時起卦入本宮

昂按乾陽胎於大雪。及冬至一陽生。乾初來復。起於十一月子。盡於四月巳。積算之法。從其所建結末之干支計起。如乾建甲子至己巳。積算卽從己巳計起是也。積算從己巳四月節立夏。至戊

辰三月中穀雨。六虛周甲。戊己皆土。與乾金相生。辰土從巳火生。由乾而至夬。循環不息。乾居西北戌亥。與東南辰巳相對。坎戊離己。乾出入坎離。故天下起己迄戊。乾陽盡於巳。窮於剝上而反三。歸魂從謙始。乾三納辰。故地支起巳而至辰也。注文於積年起月後略積月起日一語。

五星從位起鎮星。土星入西方麗西北居壬戌爲伏位參宿從位起壬戌。壬戌任世居宗廟

昂按乾宮爲金。上九世爻配戌土。五星起鎮星爲土星、參宿列申位。尾西方金宿之末。土生金也。注言伏位者。壬戌位中伏癸酉也、土星金宿。與飛伏土金同行。參爲白虎。主兵戎。萃卦大象傳除戎器戒不虞之象。卽上値參伐星宿也。拙著釋鄭氏爻辰補詳此說乾之戰坤、亦兆此象。

建子起潛龍、十一月冬至一陽生建巳至極主亢位、四月龍見於辰陽極陰來吉去凶生用九吉

昂按十一月冬至値子水。乾辟卦。一陽來坤初爲復。陽潛於下。始於子而盡於巳。起世位上九爻。建甲子。與初爻干支相同。甲子値十一月節大雪。己巳値四月中小滿。由甲子歷乙丑丙寅丁卯戊辰以迄己巳。凡六辰十二節。亢極則衰。五月姤陰至矣。原文略分氣候三十六一語。積算己巳入上爻壬戌。以定吉凶。己土剋壬水。巳火生戌土也。

配於人事爲首。乾爲首也爲君父。乾象堅剛天地之尊故爲君父於類爲馬。爲龍。天行運轉不息降五行。頒六位。十二辰分六位升降以時消息吉凶

南通徐昂著

昂按乾卦初爻納子。二爻納寅。三爻納辰。四爻納午。五爻納申。上爻納戌。乾陽卦。於十二辰中納陽辰六。分布六爻。子配水。寅配木。辰戌皆配土。午配火。申配金。六辰所隸五行有定序。升降消息。則發揮旁通之象也。

居西北之分野。陰陽相戰之地。易云。戰於乾。乾爲陽西北陰陽入陰二氣盛必戰**天六位。地六氣。六象六包。四象分萬物。陰陽無差。升降有等。**陰陽二十四候律呂調矣

昂按乾於文王八卦居戌亥之位。乾金生於戌土而生亥水、陰陽相戰。生中有尅。戌亥位西北方。坤陰極於亥。陽居陰中。復陽將生。故坤上有戰象。方位空虛。其初氣未著也。有氣而後有形。有形而後有質。四六之數。皆由兩而生。兩儀生四象。兼三才而兩之。故六。大傳可徵也。陰陽二十四候配十二律呂。律呂之數各六。乾卦初九黃鍾。九二太蔟。九三姑洗。九四蕤賓。九五夷則。上九無射。坤卦配六呂。與乾律循環相生。

人事吉凶見乎其象。造化分乎有無。故云變動不居周流六虛**六位純陽。陰象在中。**陽中陰陰中陽**陽爲君。陰爲臣。陽爲民。陰爲事。陽實陰虛。明暗之象。陰陽可知。**三五爲陽二四爲陰初上潛亢

昂按乾卦陽實而光明。坤卦陰虛而幽暗。乾陽入坤成坎。坎之幽暗在陽實。坤陰入乾成離。離之光明在陰虛。陰陽之爲明爲暗。變化可知。幽明詳拙著周易對象通釋

水配位爲福德。甲子水是乾之子孫木入金鄉居寶貝。甲寅木是乾之財。土臨內象爲父母。甲辰土是乾之父母火來四上嫌相敵。壬午火是乾之官鬼金入金鄉木漸微。壬申金同位傷木宗廟上建戌亥。乾本位。戌亥乾之位陽極陰生。降入姤卦八卦例諸。

昂按乾於五行屬金象。金生水。故初爻子水爲子孫。金剋木。被剋者必有所畜。故次爻寅木爲財祿。金生於土。故三爻辰土爲金所從生之父母。金爲火所剋。主剋者有官鬼之象。官主裁制。鬼主陰私。故四爻午火爲官鬼。至於同爲官鬼。陽爻主官。陰爻主鬼、視變化而定、乾爲金、第五爻壬申又屬金。故注云同位。傷木涉及九二寅木。二五陽與陽不相應、故五傷二。寅木變巳火。則二又剋五矣。本宮所屬五行與卦爻同位相比。有兄弟之象。上爻壬戌仍屬土。與第三爻同父母之象。注文皆從略。納戌而兼及亥者。乾位戌亥。上爻適當戌土、故連文及亥也。決夬成乾、坤陰不滅。來初爲姤。

䷫巽下乾上姤。陰爻用事。金木互體。天下風行曰姤。姤遇也　易曰。陰遇陽。一陰初生陽氣猶盛陰未與敵與巽爲飛伏。元士居世。辛丑土甲子水

昂按巽木乾金。故云金木互體。辛壬配內外象初爻辛丑爲爲父母。上爻壬戌亦然。次爻辛亥爲福德。即子孫三爻辛酉五爻壬申皆爲兄弟。四爻壬午爲官鬼。三五兩爻重金。與外卦乾金合。五行缺木。建候亦然，而內卦有巽木也。以乾宮論。財祿伏於次爻。以內卦巽論。財祿伏於初爻。與巽

為飛伏。巽陰本伏在乾初。乾初未動時。乾飛巽伏。及其既動。則巽飛而乾又伏矣。注文辛丑土。謂姤初爻。甲子水。謂乾初爻。世位水土相伏也。姤屬乾宮第一世。初爻為元士。故云元士居世。坤陰決於夬而來乾初。此循環自然之道。初相遇由於自然。陰雖未與陽敵。而土剋制水。相敵之機已動。為遯為否而至於剝。兆於此矣。

尊就卑（子孫與父母相代位）

昂按姤隸乾宮。乾初爻甲子為福德子孫。姤初爻辛丑為父母。坤陰來乾初成巽為姤。是父母居子孫之位。以尊就卑也。

定吉凶。只取一爻之象。（多以少為貴）

昂按姤卦之主在初爻。易大傳云。陰卦多陽。以爻之奇偶言。奇畫之象為少。偶畫之象為多。注謂多以少為貴者。就爻之箇數言耳。姤卦初爻陰柔為貴。自次爻至上爻皆陽爻。多不如少之足貴也。

九四諸侯。堅剛在上。陰氣處下。易云。繫于金柅。巽積陰入陽。辛壬降內外象。

昂按九四位當諸侯。例與初六世爻元士相應。丑土應午火雖相生。而陰陽皆失正。內卦下巽納辛。外卦上爻納壬。（見前）

建庚午至乙亥。芒種 小雪

昂按姤爲五月辟卦當午。距乾宮甲子後六辰。起世位初六爻。建庚午。值五月節芒種。乙亥值十月中小雪。由庚午而辛未壬申癸酉甲戌至於乙亥。以六爻變化之數當之。蓋由姤而遯否觀剝以迄坤也。壬申與九五爻干支相同。

積算起乙亥水。至丙戌土。周而復始。災福之兆生乎五行升降也

昂按內戌之內當作甲。姤由坤陰來乾。乾納甲。坤納乙。故積算天干起乙迄甲。甲乙皆木。起算乙亥。距乾宮起算己巳。亦後六辰。姤內卦巽値東南方辰巳之位。與外卦乾西北方戌亥之位相對。故地支起亥水迄戌土。與飛伏土水同行。建時至乙亥止。積算卽從乙亥起。至甲戌一周。卽回轉建月所歷之九月甲戌也。土剋水。爲陰消陽之象。起十月至九月。由坤而循環至剝。終而復始。注文所謂災福之兆生乎五行升降者。福之兆在生。災之兆在剋。視五行之變化而定。

五星從位起太白。太白在西 居金位 井宿從位入辛丑。辛丑入士元 土臨母也

昂按注文元士之士當作土。母上脫父字。姤以乾爲本宮。乾金象。五行起太白爲金星。位於西方而入金宮。姤列乾宮世數之首。井宿度數從西南方起申迄未。而冠南方朱鳥午火七宿之首。與九四午火相協。世位丑土生於火而生金也。

建午起坤宮初六爻。易云。履霜堅冰至。建亥。龍戰于野。（戌亥是乾之位乾伏本位必戰積陰之地猶盛故戰）

昂按坤初爻至上爻納未迄酉。此云建午起坤宮初六爻。又以建亥當上六爻者。以姤辟卦值五月午。越六數。故建亥也。西北方亥爲乾位。坤陰始於午而終於亥。故來乾初而成姤。

配與人事爲腹。爲母。（坤順容於物）於類爲馬。易云。行地無疆。（此釋一爻配坤象本體是乾巽今贊贊一爻起陰假坤象言之）內巽爲風。乾爲天。天下有風行。君子以號令告四方。（巽入也風入於坤皆動也故知天下有風動其物也）天風氣象三十六候。（三十六候節氣降大風象）

昂按配與之與字當作於。注文複贊字。姤井宿入辛丑。井主水衡。法令所取平也。王者用法平則井星明。（見晉書天文志）姤卦號令告四方之象。亦有關於值宿。姤爲陰虛之卦。而建始庚午陽剛。歷六辰十二節氣。其數實。故氣候三十有六。積算乙亥入初六世位辛丑起數。辛金剋乙木。丑土剋亥水也。

木入金爲始。（金納木也）陰不能制於陽。附於金柅。易之柔道牽也。五行升降。以時消息。陰盪陽。降入遯。（天山遯卦）

昂按巽木入乾金爲柅象。前文云。九四諸侯。堅剛在上。陰氣處下。易云。繫于金柅。巽積陰入陽。京氏蓋以世在初而應在四。柅象在四。初爻巽木牽繫之也。姤陰消乾陽至二爻成遯。

☶☰（艮下乾上）遯。陰爻用事。陰盪陽遯。金土見象。山在天下爲遯。（遯退也）陰來陽退也。小人君子汚隆。

契斯義也。易云。遯世無悶。與民爲飛伏。大夫居世。建辛未爲月。丙午火丙寅木

昂按民字當作艮。注文丙寅之丙字當作甲。艮土象。乾金象。陰雖消陽。而土實生金。丙壬配內外象。初爻丙辰上爻壬戌皆爲父母。次爻丙午四爻壬午皆爲官鬼。三爻丙申五爻壬申皆爲兄弟。初上兩爻重土與內卦艮土合。三五兩爻申金與外卦乾金合。六爻中五行缺水與木。而建候中有亥子兩水。世位伏有寅木也。乾宮初爻甲子福德。次爻甲寅財祿。潛伏於遯卦下艮之兩陰爻中。故與艮爲飛伏。注文丙午火。指遯卦內艮六二爻。甲寅木。指乾卦九二爻。世在次爻故也。遯卦居乾宮第二世。次爻當大夫之位。遯值六月未。故建辛未爲月。建辛未至丙子詳下文。

六二得應。與君位遇建焉。臣事君。全身遠害。遯俟時也建辛未至丙子。陰陽遯去。終而伏位。從六月至十一月也

昂按世在六二。應在九五。丙午應壬申。火雖剋金。而陰陽皆得正。九五君位。遯陰消陽。由否至四成觀。觀第四爻值辛未。消至五成剝。剝第五爻值丙子。遯建辛未至丙子。故應與君位遇建焉。姤一世建始庚午。遯二世爲六月辟卦。建始後一辰辛未。起世位六二爻。由辛未六月中大暑而壬申癸酉甲戌乙亥。至於丙子十一月節大雪。月交辛未。陽遯至二。循環至辛丑。陰又遯至二。遯則伏矣。壬申與九五爻干支相同。

積算起丙子至乙亥。周而復始。火土同宮天與山遯

昂按注文火土之火當作金。坤陰盪陽。消至二。內卦成艮爲遯。消至五。外卦成艮爲剝。剝內坤納乙。外艮納丙。第五爻值子水。上爻再消成坤。則第五爻轉爲亥水。姤一世積算自乙亥起。遯二世積算卽迴至乙亥。起丙子十一月至乙亥十月。由復而循環至坤。終始無已。

陽消陰長。無專於敗。繫云。能消息者。必專者敗。五星從位起太陰。鬼宿入位降丙辰。丙午臨元土

昂按丙辰之辰字當作午。注文元土之土當作士。八卦消息。首重乾坤。乾決夬陰。坤盪剝陽。皆專也。專者必敗。夬決上陰而來初成姤。則陽敗。剝盪上陽而反初成復。則陰敗。遯陰雖長。敗之機也。積算起丙子至乙亥。亥子皆水。太陰北方水星入金宮。鬼宿列坤方西南未位。卽遯卦所值六月之位。與東北艮方相對。爲南方火宿之一。降入丙午。干支皆火。太陰水星剋制。陰之盪陽。兆於是矣。丙午當遯卦第二爻世位。臨大夫而乘初爻元士之上。

配於人事爲背。爲手。艮爲背手於類爲狗。爲山石。內外升降。陰陽分數二十八候。分陰陽進退

昂按遯爲陰旛之卦。建始辛未陰柔。經六辰十節。其數虛。故候二十有八。積算丙子入六二世位丙午。以定吉凶。子水剋午火。子午雖對衝。而坎水離火又互相胚胎也。子水胎於午午火胎於子

土入金爲綬。積陽爲天。積陰爲地。山所地高峻。逼通於天。是陰長陽消。降入否。陰逼陽去入天地否卦

昂按山字下所字似衍文。艮土入乾金。土能生金。反生爲剋。以陰滅陽。陽盛則堅剛。陰盛則弛緩。遯消至二成否。艮山變爲坤地。與外卦乾天相逼。

☷☰坤下乾上否。內象陰長。純用陰事天氣上騰。地氣下降。二象分離。萬物不交也。小人道長。君子道消。陰小人陽君子易云。否之匪人。與坤爲飛伏。三公居世。乙卯木甲辰土

昂按注文陰字當置純字下。否以內卦坤陰爲主。故純陰用事。專指內卦。金土互象。與遯卦同。惟遯體艮土。否體坤土耳。坤土與乾金相生。乙壬配二象。內乙而外壬。初爻乙未上爻壬戌皆父母。次爻乙巳四爻壬午皆官鬼。三爻乙卯財祿。五爻壬申兄弟。初上兩爻重土與內卦坤土合。五爻申金與外卦乾金合。乾宮初爻甲子福德。伏內卦坤初乙未之中。故與坤爲飛伏。注文乙卯木。指否卦六三爻。甲辰土。指乾卦九三爻。木中伏土當世位。六爻中五行缺水。而建候中有亥子兩水也。否於乾宮居第三世。故三公居世。

上九宗廟爲應。君子以俟時。小人爲災。乙卯泰來

昂按上爻位當宗廟。與世爻三公皆失正。乙卯木應壬戌土。雖云相剋。而卯與戌合。木土與飛伏木土同行。注文乙卯。指否卦第三爻。否反至三成泰。乙卯變爲甲辰。轉入坤宮第三世。則君子得時而小人退矣。

建壬申至丁丑。陰氣浸長。七月立秋至十二月大寒

昂按否卦下坤爲土。上乾爲金。申金應乾。丑土應坤。否值七月申位爲辟卦。陰氣浸長。指七月壬申至十月乙亥而言。十一月丙子。復陽來初。十二月丁丑。復陽至二成臨。陽氣又浸長矣。建始壬申。與九五爻干支相同。値七月節立秋。丁丑値十二月中大寒。由壬申歷癸酉甲戌乙亥丙子迄丁丑六辰。

積算起丁丑至丙子。周而復始。金丑土同宮吉凶見矣

昂按注文金字上當有申字。遯二世積算自丙子起。否三世積算卽迴至丙子。丙丁皆火。丁丑至丙子。小寒迄冬至。卽由臨而至復。循環相終始。

五星從位起歲星。木星入卦用事柳宿從位降乙卯。乙卯臨三公

昂按否爲七月申金之卦。第三爻世位則値乙卯木。歲星東方木象入金宮用事。與世爻卯木相比。柳宿度數起西南未方。當否卦初爻未位。止正南午方。當否卦第四爻午位。降世位乙卯。入東方震木之位。柳主草木。見史記天官書初六茅茹。九五苞桑。皆取柳宿之象。柳又主天廚。六二包承。亦取柳象。鄭氏爻辰補否卦六二引荊州星占柳爲天廚

氣分氣候三十六。六六三十六積算吉凶陰陽升降。陽道消鑠。陰氣凝結。君臣父子各不追及。陰消陽來易云道行矣

。其亡其亡。繫於苞桑。(苞桑則叢桑也)天地清濁。陰薄(音搏)陽消。天地盈虛。與時消息。危難之世。勢不可久。五位既分。四時行矣。(君子當危難世獨志難不可久立特處不改其操將及泰來)上九云。否極則傾。何可長也。(否極則陰長泰來)降入於觀。(九四被陰逼入觀卦)

昂按第一氣字衍文。否本陰虛之卦。而建壬申干支陽剛。六辰歷十二節。故卦候三十有六。積算丁丑入六三爻世位乙卯。乙木生丁火。卯木剋丑土也。乾爲君爲父。坤爲臣爲子。上下不交。故君臣父子各不相逮。否陰消陽、至四成四世觀卦。由觀終於剝而入坤。一陽來復。至二成臨。至三成泰、否泰相循。五行四時、消息盈虛。何可久也。注中字句錯置。宜云。君子當危難世。獨立特處。不改其志操。雖不可久、將及泰來。

午火

䷓ 坤下巽上 觀。內象陰道已成。威權任臣。雖大觀在上。而陰道浸長。與巽爲飛伏。諸侯臨世。(辛未土壬)

昂按觀卦土木互象。木雖剋土。而陰實盪陽。九五未消成剝。至尊之位未移。而六四諸侯逼薄尊位。威權有在臣之勢。巽陰在外卦第四爻。由姤卦初爻巽陰上消。故與巽爲飛伏。天干乙辛配二象。內卦納乙。外卦納辛。地支內外卦皆配未己卯。初爻乙未四爻辛未皆父母。次爻乙巳五爻辛巳皆官鬼。三爻乙卯上爻辛卯皆財祿。初四兩爻未土與內卦坤土合。三上兩爻卯木與外卦巽木合。此卦以五上兩爻爲卦主。巽卦第五爻子孫上爻兄弟。實潛藏於觀卦五上兩爻之中。巽觀兩卦第五爻同值辛巳上爻同值辛卯而巽宮本卦以木配五行觀卦屬乾宮以金配五行故親屬之象不同以乾宮推其所缺。初爻甲子福德。伏觀卦初爻父母中。五爻壬申兄弟。伏觀卦五爻官鬼中。注文辛未土。指觀卦六四爻。壬午火。指乾卦九四爻。午火生未土。當世位也。六爻中五行缺水與金。而本宮有乾金。建候所歷六辰有酉金與亥子水也。九四

諸侯臨世爻之位。觀屬乾宮四世卦也。

反應元士而奉九五。君位也。**易云。觀國之光。利用賓于王。**臣道出於六四爻也

昂按元士當應爻之位。外應內爲反應。六四辛未與初六乙未兩土雖相比。而初爻失正。未得位也。六四陰雖逼陽。而以卑承尊。有奉九五之象。此就觀五未消時取象。

建癸酉至戊寅。陰陽交伏。秋分至立春

昂按觀辟卦值八月酉。故建癸酉。由癸酉而甲戌乙亥丙子丁丑以迄正月戊寅。即由觀循環至泰。癸酉值八月中秋分。戊寅值正月節立春。秋分陰伏陽。立春陽伏陰。

積算起戊寅至丁丑。周而復始。用金爲首

昂按否三世積算自丁丑起。觀四世即迴至丁丑。積算起立春寅木至大寒丑土。與卦體坤土巽木相合。寅當泰卦。丑當臨卦。起寅至丑。則觀反成臨。臨陽長至三成乾爲泰。則次爻納寅。觀由姤

消。姤初爻納丑。注文言用金爲首者。觀以乾金爲宮。又建首酉金也。

金土火互爲體。五星從位起熒惑。火星入卦用事吉凶星宿從位降辛未。星宿入諸侯宮木星同位

昴按觀卦下坤爲土。上巽爲木。土木互體。京氏謂金土火互爲體者。金指乾宮。觀卦四爻辛未土伏乾宮四爻壬午火。且初四兩爻皆納未土。二五兩爻皆納巳火也。南方熒惑火星入金宮。星宿列南方午火之中樞。降入第四爻諸侯之世位。第四爻當巽木而配未土。木生火。火生土也。

土木分氣二十八。積算分配六位吉凶爻定數陰陽升降。定吉凶成敗。取六四至於九五。成卦之終也。易云。觀我生。我生卽道也又云。風行地上。君子之德風小人之德草也列象分爻。以定陰陽進退之道。吉凶見矣。地上見巽。積陰凝盛。降入於剝。九五退陰入剝卦

昴按觀列陽盈消息之中。而卦象陰虛。六辰中經十節。建癸酉爲陰柔干支。其數虛。卦象坤土巽木。積算寅木丑土。分氣二十有八。積算戊寅入六四世位辛未。戊土生辛金。寅木剋未土也。消陽至四而薄於五。陰再長卽成五世剝卦。六四至九五爲成卦之終。九五變爲六五。剝艮在上。艮者。萬物之所成終也。

䷖ 坤下艮上剝。柔長剛滅。天地盈虛。建戌至建亥體象金爲本。隨時運變。水土生事。成剝之義。出於上九。易云。碩果不食。君子得輿。小人剝廬。君子全得剝道安其位小人終不可安也與艮爲飛伏。丙子水壬申金

昂按天地盈虛。該剝夬旁通而言。剝建始甲戌。夬建始己亥。剝建甲至己夬建己至甲故注文建戌至建亥。謂剝循環而成夬也。剝屬乾宮。故體象金爲本。內外卦坤艮皆土。京氏言水土用事者。土旺四季。水與土同位。剝世爻在六五值丙子水也。乾陽窮於上九。極則來復。艮在外卦。與艮爲飛伏。內坤位西南。外艮位東北。陰陽對衝。乙丙配內外二象。初爻乙未四爻丙戌皆父母。次爻乙巳官鬼。三爻乙卯上爻丙寅皆財祿。五爻丙子福德子孫。初四兩爻重土。與卦體坤艮土象相合。艮卦六四丙戌兄弟。伏外艮第四爻之中。以乾宮論。第五爻壬申兄弟。伏外艮六五之中。注文丙子水。卽指剝卦六五爻。壬申金。卽指乾卦九五爻。剝五卽艮五。五行雖缺金。而本宮有乾金。世位又伏申金也。

天子治世。反應大夫。

昂按剝屬乾宮五世卦。六五失正。而當天子之世位。例與次爻大夫相應。六五丙子與六二乙巳。水火相息。

建甲戌至己卯。陰陽定候。寒露至春分

昂按剝辟卦當九月値戌。故建首甲戌土。後四世觀卦癸酉一辰。由是而乙亥丙子丁丑戊寅以迄己卯六辰。循環至大壯卦。丙子與六五干支相同。戊當九月節寒露。卯當二月中春分。由陰候而定陽候。

積算起己卯木。至戊寅木。周而復始。吉凶之兆見于有象

昂按觀四世積算起於戊寅。剝五世卽迴至戊寅。從己卯起。値二月節驚蟄。戊寅値正月中雨水。

建始戊土。積算戊己土。皆與內外坤艮同行。寅卯皆木。木剋制土。故有消象。

純土配金用事。五星從位起鎭星。土星入卦張宿從位降內子。張宿入天子宮

昂按乾宮金象。剝內外卦皆土象。世位伏金。故云純土配金用事。鎭星爲土星。與坤艮純土同象。土星入金宮。土生金而從火生。張宿爲離火七宿之一。度數起於南方午位。止於東南方巳位。降入第五爻天子丙子之位。子値北方。午火胎於子水。鄭氏爻辰補明夷初九三日不食。注莊存與云。「張爲嗉。中虛。」虛嗉有不食之象。剝上九乾陽爲六五陰柔所逼。有碩果不食之象。卽以張宿嗉虛之故。

金土分氣三十六。積算六位起吉凶天地盈虛氣候易象云。山附於地。剝。君子俟時。不可苟變。存身避害。與時消息。春夏始生。天氣盛大。秋冬嚴殺。天氣消滅。故當剝道已成。陰盛不可逆。陽息陰專。升降六爻。反爲游魂。盪入晉。積陰反入晉卦

昂按乾金坤艮土。故金土分氣。六辰歷十二節。建甲戌干支陽剛。故氣候三十有六。積算己卯入

六五世位丙子。丙火生己土。子水生卯木也。剝交九月季秋。嚴冬浸至。京氏謂秋冬嚴殺。天氣消滅。坤陰之長。盡於亥月。至十一月冬至節。陽來成復。天氣固未嘗消滅也。乾窮生復。坤窮生姤。君子與時消息。道在是矣。剝窮於上。陽息陰專。專者必敗。故復陽消陰。乾陽雖反於初爻。而游魂在四。游魂之始。入豫卦九四震陽。豫卦在震宮上爻宗廟陽爻不變。故入晉卦。

☷☲ 坤下離上 晉。陰陽返復。進退不居。精粹氣純。是爲游魂。爲陰極剝盡陽道不可盡滅故返陽道道不復本位爲歸魂例八卦

昂按注文道字誤複。歸魂之歸當作游。乾宮之魂。游歸在離。晉卦游魂。離在外卦。歸魂大有亦然。剝消盡後成爲純坤。乾陽復在四。四當外卦。魂游於外。而未歸乾三本位。上爻宗廟亦返故居。精粹氣純。指九四乾陽。乾純粹精也。

金方以火土運用事。與艮爲飛伏。己酉金 丙戊土

昂按注文丙戊之戊當作戌。乾金象。晉卦內坤爲土。外離爲火。土火相生。六爻中有重土重火。世位屬金。是亦金方運用火土也。卦由五世剝卦魂游於九四。二三四爻互艮。世爻位當艮陽。故飛伏在艮。與剝卦同。注文己酉金。指晉卦九四爻。丙戌土。指艮卦六四爻。世位金中伏土。與艮宮四世睽卦同例。乙己配內外二象。初爻乙未五爻己未皆父母。次爻乙巳上爻己巳皆官鬼。三爻乙卯財祿。四爻己酉兄弟。初五兩爻未土與內卦坤土合。二上兩爻巳火與外卦離火合。就乾宮

推之。乾卦初爻甲子福德。伏晉卦初爻乙未父母之中。五行缺水。建候亦然。

諸侯居世。反應元士。

昂按游魂卦世居第四爻。以魂在四也。與初爻相應。丑土雖生酉金。而諸侯元士皆不得正。土金與飛伏金土同行。

建己卯至甲申。陰陽繼候。春分立秋

昂按五世剝卦建候。迄於己卯。晉卦由剝四變爲游魂。建候九四。始自己卯。後剝卦五辰。天干己土與世位九四納己相符。地支卯木與六三卯木相協。由己卯而庚辰辛巳壬午癸未至於甲申。己卯當二月中春分。甲申當七月節立秋。立秋時方伯離卦九四當之。晉離在外卦春陽秋陰。氣候迭運。

積算起甲申金。至癸未土。周而復始。游魂取象配於正位吉凶同矣

昂按積算從建月終結之干支計起。自甲申立秋至癸未大暑。終始循環。晉本宮乾金與內卦坤土相生。申金未土亦相生也。申金至未土。與飛伏世應金土皆同行。

五星從位起太白。卦配金星入用翼宿從位降己酉金。翼宿北方入晉卦行事

昂按注文北方之北字當作南。晉卦得乾宮之金。九四世爻配酉金。建月積算值申金。五星中西方太白入金宮。亦屬金星。翼宿列東南方巳位。與晉卦次上兩爻巳位相合。翼爲南方火宿之一。外

離正當其位。從位降第四爻己酉。仍居金位。翼宿二十二星。象羽翮形。故錢氏有翼爲羽翮之說。鄭氏爻辰補解卦上六引錢大昕云翼爲羽翮世在第四爻。九四鼫鼠。虞翻作碩鼠。以小過飛鳥當之。蓋卽翼宿之象。二象分候二十八。運配金土。積算氣候無差於晷刻。吉凶列陳。象在其中矣。天地運轉。氣在其中矣。乾道變化。萬物通矣。乾分八卦至大有復卦六爻交通。至於六卦陰陽。相資相返。相剋相生。至游魂復歸本位爲大有。故曰火在天上。大有爲歸魂卦。定吉凶。配八事。五行象乾爲指歸地。凡八卦分爲八宮每宮八卦八八六十四卦定吉凶配八事天地山澤草木日月昆蟲包含氣候足矣

昂按原文末一地字當作也。游魂在四爲陰位。建己卯陰柔。經六辰十節。故土火二象分候二十有八。積算甲申入第四爻己酉。木雖剋土。而甲與己合。申酉皆金。合本宮乾金也。金土自甲申立秋。循環至癸未大暑。天地運轉而氣著。吉凶陳列而象著。萬物化成而形著。六卦從乾入姤迄剝。陰陽生剋。而至游魂爲晉。乾陽復三。卽爲歸魂大有。自姤至大有。皆以乾宮爲指歸。

☲☰ 乾下離上大有。卦復本宮曰大有。內象見乾是本位。八卦本從乾宮起至大有爲歸魂純金用事。與坤爲飛伏。甲辰土乙卯木

昂按大有卦乾魂來歸在三。謙爲歸魂之始。謙卦在兌宮三歸而內卦乾復。成爲大有。故承乾宮以純金用事。專指內卦。以全體言之。內乾外離。金火分宮。六爻中酉金巳火尤相協也。甲己配內外二

象。初爻甲子福德。次爻甲寅財祿。三爻甲辰五爻己未皆父母。四爻己酉兄弟。上爻己巳官鬼。內卦返乾。由游魂晉卦下坤變入。故與坤爲飛伏。同於本宮乾卦。注文甲辰土。指大有九三爻。乙卯木。指坤卦六三爻。世位辰土雖受剋制於其所伏之卯木。而上爻巳火能生之。此與坤宮三世泰卦同例。

三公臨世。應上九爲宗廟。

昂按歸魂當三公。世位即在第三爻。世爻辰土與宗廟爻巳火相應。火能生土。惟上爻宜變之正耳。

建戊寅至癸未。（立春正月至大暑時也）

昂按游魂晉卦建始己卯。大有歸魂先一辰。建候九三。始自戊寅受氣。值正月節立春。歷己卯庚辰辛巳壬午至於癸未成體。值六月中大暑。大有內乾外離。六辰中經歷之辛巳四月中小滿。即辟卦乾主之。癸未大暑所當之方伯卦。即離九三也。寅木未土。與飛伏土木同行。

積算起癸未土至壬午火。周而復始。（吉凶與乾卦同用）

昂按游魂晉卦積算至癸未止。歸魂大有積算自癸未起。自癸未六月小暑。（大暑前一節）至壬午夏至一周。終始不息。壬癸皆水。大有積算午火生未土。乾卦積算巳火生辰土。故注文謂吉凶與乾卦同用。土火與世應辰土巳火同行。

五星從位起太陰。太陰水星入卦用事軫宿從位降甲辰。二十八宿分軫星入大有卦用事行度吉凶可見

昂按太陰北方水星入金宮。與初爻子水積算癸水相比。軫宿位於東南方。降入第三爻甲辰。軫宿度數起巳而迄辰。與三爻納辰上爻納巳五行方位相應。軫宿爲南方離火七宿之終。鄭氏爻辰補蠱巽兩卦皆引莊存與云軫終也大有爲乾宮之終。離居外卦。故軫宿降焉。軫爲天車。開元占經巫咸說大有九二大車。卽軫宿車駕之象。

金土分象三十六候。配陰陽升降。六位相盪。返復其道。復歸本位也

昂按卦本金火分象。京氏言金土者。本宮乾金。歸魂世位辰土也。大有以一陰爲卦主。而陰廬通於陽盈。建始戊寅陽剛。六辰經十二節。故卦候三十有六。積算癸未入第三爻甲辰。癸水生甲木。辰未皆土也。

吉凶度數與乾卦同。分六五陰柔爲日。照於四方。象天行健。六龍御天少者爲多之所宗。六五爲尊也。柔處尊位以柔履剛以陰處陽能柔順於物萬物歸附故曰照于四方易曰。火在天上。大有。離爲火爲日故曰大有陰陽交錯。萬物通焉。陰退陽伏。返本也。乾象分盪八卦入大有終也。乾生三男。次入震宮八卦。乾生三男坤生三女陽以陽陰以陰求奇耦定數于象也

昂按內卦五行子水寅木辰土皆與乾宮同。外卦午火申金戌土變爲酉金未土巳火。干支與五行方位

皆不同。而所屬之五行。未之或異。故吉凶度數同於乾也。乾之尊在九五。大有之貴在六五。六五陰柔居陽剛之位。雖不得正。而卦主在五得中。以陰適陽。陽亢乾上。則姤陰生於初。魂歸乾三。則離陰麗於五。亢不可久。歸則終焉。終而復始。乾陽出坤初爲震。就乾宮歸魂大有入震卦推之。則二三上陽變爲陰。卽入震卦。凡歸魂卦後接一宮首卦。爻之變化。陰陽兩宮皆成對象。坤宮歸魂比卦入巽卦。二三上陰變爲陽。餘可類推。

䷲ 震上震下 震。分陰陽交互用事。屬於木德。取象爲雷。出自東方。震有聲。故曰雷。雷能警於萬物。爲發生之始。故取東也。爲動之主。爲生之本。易繫云。帝出乎震。安不動主靜爲躁君與巽爲飛伏。庚戌土辛卯木

昂按注文安不動主。不字當作爲。乾魂歸於三。而卦從下生。乾陽出初則成震。故爲動之主。生之本也。內外二象天下皆納庚金。地支六辰納子寅辰午申戌。與乾卦同。震爲長子。故同於乾父。初爻庚子父母。次爻庚寅兄弟。三爻庚辰上爻庚戌皆財祿。四爻庚午子孫。五爻庚申官鬼。地支同乾。而親屬位置各殊。以乾宮象金。震宮象木。故配合異也。次爻寅木。與卦體震木合。乾出坤初爲震。坤入乾初爲巽。子女皆居長。故互爲飛伏。震巽皆木也。注文庚戌土。指震卦上六爻。辛卯木。指巽卦上九爻。震卦世爻在上六。伏巽卦上九世爻。

宗廟處上六。陰爲陽之主震動動須由陰陽交互震動也

昂按注文動字複。震居本宮。世當上爻宗廟之位。應六三爻。而三公失正。上六戌土應六三辰土。土雖相比。而戌與辰相衝動也。

運數入丙子至辛巳。大雪至小滿

昂按運數建始丙子。後乾卦十二辰。受氣當十一月。注文大雪指十一月節。辛巳値四月中小滿。震陽來復之始。實當十一月中冬至。由丙子歷丁丑戊寅己卯庚辰以迄辛巳成體。水火相終始也。九四建庚辰。與六三所納干支相同。建首丙子。時値冬令。而震爲方伯卦。掌管節氣。本當春令。初九春分。時値己卯。六二清明。六三穀雨。時値庚辰。九四立夏。六五小滿。時値辛巳。上六芒種。時値壬午。依京氏所列。每爻配一辰。則六二當己卯。九四當庚辰。六五止於辛巳也。

積算起辛巳至庚辰。土宮配吉凶。周而所復始。吉凶配木宮以土用事

昂按積算從建月終結之辛巳計起。亦後乾卦十二辰。迴至庚辰。與第三爻干支相同。由辛巳小滿迴環至立夏一周。震天干納庚。庚辛皆金。巳火生辰土。土又生金也。震爲木。世位當戌土。積算至辰土。故木宮以土用事。木剋制土也。

五星從位起歲星。水星入卦用事角宿從位降庚戌土。庚戌入震用事臨上六爻庚戌土位爲元首

昂按注文水星當作木星。東方歲星以木象入木宮。角宿列東南方辰位。而冠東方震木蒼龍七宿之首。震卦冠本宮之始。故值角宿。降入上六庚戌土。此亦木宮以土用事之徵。星宿皆木象。與卦體震木同行。角春秋爲木。開元占經引石氏說又爲龍角。開元占經引郄萌說震爲木爲龍。位東方卯木。臨青龍。木與龍皆角宿之象。

內外木上二象俱震。易曰。震驚百里。又云。畏鄰戒也。震爲雷聲驚于百里春發秋收順天行也取象定吉凶取象爲陽。配爻屬陰。故曰陰陽交錯而爲震。氣候分數三十六。定吉凶於頃刻毫釐之末。無不通也。無不備也。定陽數旁人之休咎起于積算終于六位也陰陽交互。陽爲陰。陰爲陽。陰陽二氣盪而爲象。故初九三陰爲豫。入豫卦陰

昂按震爲陽卦。大傳云。陽卦多陰。故配爻屬陰。建丙子干支陽剛。六辰中歷十二節。故氣候三十有六。積算辛巳入上爻庚戌。以定吉凶。庚辛皆金。巳火生戌土。土能生金也。乾陽入坤陰先成震。乾二三五上變入坤。坤初四變入乾。皆成爲震。故陽爲陰。陰爲陽。二氣相摩盪也。初九變動。內卦成三陰。爲一世豫卦。

䷏坤下震上豫。卦配火水木以爲陽用事。易云。利建侯行師。又云。天地以順動。故日月不過。四時不忒。坤順震動聖人以順動。則刑罰淸而民服。與坤爲飛伏。乙未土庚子水

昂按以字下爲字衍文。豫卦下坤土。上震木。京氏謂配火水木以陽用事。於震木而外。取積算巳

午兩火與卦中所互坎水也。豫爲乾卦游魂之始。乾陽入坤。坤陰在下有順象。故與坤爲飛伏。乙庚配內外二象。初爻乙未上爻庚戌皆財祿。次爻乙巳四爻庚午皆福德。三爻乙卯兄弟。五爻庚申官鬼。初上兩爻重土與內卦坤土合。三爻卯木與外卦震木合。本宮震卦初爻庚子父母。適伏豫卦初爻世位乙未之中。此土飛而水伏也。注文乙未土。指豫卦初六爻。庚子水。指震卦初九爻。豫初即坤初。五行缺水。建候亦然。幸有伏水也。

世立元士爲地易。奉九四爲正。

昂按豫爲震宮一世卦。世當初爻元士而不得位。九四以陽位陰。雖亦不得正。而一陽爲卦主。故奉之爲正。初六乙未應九四庚午。土火相生。未與午合。八宮一世二世皆爲地易。京氏於豫卦元士言地易。特發其凡耳。

正建丁丑至壬午。大寒 芒種

昂按建字上正字襲前文誤衍。建候初六。始自丁丑。後本宮震卦內子一辰。當十二月中大寒。至壬午。當五月節芒種。歷丁丑戊寅己卯庚辰辛巳至於壬午。六辰中所歷己卯二月中春分。至壬午五月節芒種。分值方伯震卦六爻。豫卦上震丑土午火。至世應未土午火同行。

積算起壬午至辛巳。以六爻定吉凶。周而覆始。火土算休咎昂按本宮震卦積算自辛巳起。豫卦一世即迴至辛巳積算。壬午至辛巳一周相循。巳午皆火。建月則丑土生午火。故火土算休咎。

五星從位起熒惑。熒惑火星入卦用事亢宿從位降乙未土。亢宿配乙未土

昂按豫卦配火爲用。二四兩爻及積算皆巳午重火。熒惑南方火星入木宮。與之相比。亢宿列東南方辰位。爲卯木震宮青龍所統轄。降入乙未世爻。以木配土也。開元占經海中占曰。亢星齊明。宗廟有敬。豫卦大象傳殷薦之上帝。以配祖考。蓋與亢宿宗廟之象相合。亢又主疾。見史記天官書六五貞疾。亦取亢象。

上木下見土。內順外動。故爲悅豫。時有屯夷。事非一揆。爻象適時。有凶有吉。人之生世。亦復如斯。或逢治世。或逢亂時。出處存亡。其道皆系易云。大矣哉。陰陽升降。分數二十八。極大小之數。以定吉凶之道。積算壬午入乙未推吉凶

昂按豫震在外卦。屯震在內卦。豫坤在內卦。明夷坤在外卦。震時與坤時或在內。或在外。故時有屯夷也。屯夷與豫悅對象。夷不作險夷之夷解。豫卦之主雖在九四陽爻。而消息在陰虛。六辰中經十節。建始丁丑干支陰柔。故分數二十有八。積算壬午入初爻乙未。壬水生乙木。午火生未土也。陽大陰小。定吉凶之道。即在陰陽變化。

豫以陽適陰爲內順。成卦之義在於九四一爻。以陽盪陰。君子之道。變之於解。[豫卦以陰入陽成九四之德之入解卦陽入陰成解之德]

昂按注文之入二字當作變之。陽入陰句上脫以字。卦主在九四。乾陽入坤四成豫。再入內卦坤二。卽成二世解卦。

䷧ 坎下震上 解。陰陽積氣。聚散以時。內險外動。必散。易云。解者散也。解也。品彙甲拆。雷雨交作。[震雷坎雨] 積氣運動。天地剖判。成卦之義在於九二。與坎爲飛伏。[戊辰土庚寅木]

昂按解爲震宮二世卦。震初之二成解。故成卦在九二。二當坎陽。故與坎爲飛伏。坎水震木相生。戊庚納內外象。初爻戊寅兄弟。次爻戊辰上爻庚戌皆財祿。三爻戊午四爻庚午皆福德。五爻庚申官鬼。初爻寅木與外卦震木合。本宮震卦初爻庚子父母。伏解卦初爻戊寅之中。惟不當世爻耳。注文戊辰土。指解卦九二爻。庚寅木。指震卦六二爻。世位土中伏木。解二卽坎二。五行缺水。建候亦然。辛卦體有坎水也。

立大夫於世爲人。而六五降應。委權命於庶品。

昂按九二當大夫世爻之位。辰土雖生六五申金。而二五陰陽皆失正。謂之應者。亦例如是耳。一世二世爲地易。三世四世爲人易。此就重卦六爻分釋。以單卦三爻而言。則初爻爲地。次爻爲人。故京氏謂立大夫於世爲人也。

建戊寅至癸未。立春大暑

昂按建始九二。起自戊寅立春。後一世豫卦丁丑一辰。至癸未大暑。建候與乾宮大有同。解卦下坎上震。戊寅正月節立春。曆己卯二月節驚蟄。皆方伯坎卦主之。己卯二月中春分。至壬午五月節芒種。分値方伯震卦六爻。戊寅建首。與初爻干支相同。天干建戊與世位九二納戊相符。寅木未土。與飛伏土木同行。

推吉凶於陰陽。定運數於歲時。積算起癸未至壬午。周而復始。土火入數起宮

昂按積算一世豫卦起自壬午。解二世卽迴至壬午。癸未至壬午一周。亦同於大有。六爻中五行缺水。積算天干壬癸皆水。與內卦坎水相協。綜建候與積算計之。寅木生午火。午火生未土。與六爻中戊寅木戊辰庚戌兩土戊午庚午兩火相應。

五星從位起鎭星。鎭星土位氐宿從位降戊辰。氐宿入戊辰

昂按鎭星土位入木宮。與世爻辰土及建月積算未土相比。氐宿爲東方卯木七宿之一。度數起於東南方辰土巽位。止於東方卯木震位。與外卦震象相合。降入第二爻。仍在辰位。土星木宿。與飛伏建候土木皆同行。鄭氏爻辰補說卦傳震爲蒼筤竹。爲萑葦。爲蕃鮮。引爾雅天根氐也。就卯宮

所値氏宿取根柢之象。解卦列震宮。品彙甲拆。卽屬氏象。木下見水。動而險。陰陽會散。萬物通焉。升降屬陽盪陰。以陽爲尊。尊者高而卑者低。變六三爲九三恆卦。分氣候定數。極位於三十六。金水入數合卦成數定日月時變坎入巽。居內象。爲雷風運動。鼓吹萬物。謂之恆。入恆卦

昂按解成卦在九二世爻。故以陽爲尊。解爲陽盈之卦。六辰歷十二節。建首戊寅陽剛。故氣候定數三十有六。內外水木分象。積算癸未入九二世位戊辰。辰未皆土。注文言金水入數者。以世爻坎水一陽由乾金入坤也。六三坎動成巽。爲三世恆卦。

☳☴ 巽下震上 恆。久於其道。立於天地。雷與風行。陰陽相得。尊卑定矣。號令發而萬物生焉。萬物得其道也生者道一作進也雷風行而四方齊也。齊者整肅與巽爲飛伏。辛酉金庚辰土

昂按恆在震宮。卦則由泰轉否。天地變成風雷。巽爲號令。故號令發而雷風行。震巽皆木。內外配辛庚金象。初爻辛丑上爻庚戌皆財祿。次爻辛亥父母。三爻辛酉五爻庚申皆官鬼。四爻庚午子孫。五行缺木。而內巽外震皆木象。且建始卯木。房宿亦屬木象。本宮震卦次爻庚寅兄弟。伏恆卦內巽次爻辛亥之中。不僅世爻相伏也。注文辛酉金。指恆卦九三爻。庚辰土。指震卦六三爻。巽在內卦。金中伏土。恆三卽巽三。飛伏在內巽。內卦干支五行親屬與巽卦內象同。巽象屬木。

恆卦所列之震宮亦爲木象。故干支五行所配之親屬相同。

三公治世。應於上六宗廟。（宗廟爻）

昂按恆卦世數列震宮第三。世位當九三爻三公之位。與上六宗廟爻相應。九三辛酉應上六庚戌。

陰陽得正。金土相生。與飛伏金土同行。

建己卯至甲申。（春分立秋）

昂按建候九三。始自己卯。後二世解卦戊寅一辰。當二月中春分。方伯震卦初九當之。（恆卦上震至甲申。）當七月節立秋。與乾宮晉卦同。

金木起度數。積算起甲申至癸未。周而復始。（金木入宮）

昂按建月卯木申金起度數。積算二世解卦起自癸未。恆卦三世。迴環至癸未。甲申迄癸未一周。亦同於晉卦。申金未土。與飛伏世應金土皆同行。(吾女景輝爲錄原稿至此止)

五星從位起太白。（太白金星入卦用事）房宿從位降辛酉。（房宿入卦立秋用）

昂按注文立秋用下脫事字。建月迄申金。積算起申金。與九三世位酉金六五申金相比。太白西方金星入木宮。金亦相比。恆卦節候值七月立秋。正金星用事也。恆列三世●介五世之中央●房宿列正東震方卯木之中樞。降入第三爻辛酉金。卯木酉金。互相胚胎●金星木宿●與建候卯木申金同行。房爲天馬。主車駕。[開元占經石氏說] 九四田獵之象。蓋取房宿云。

上下二象見木。分陰陽於內外。[內巽陰外震陽] 氣候分數三十八。[金木入卦分節候]

昂按內巽外震皆木象。節候則由卯木申金入卦。原文氣候分數三十八。當作二十八。其數陰虛。以己卯建始陰柔。六辰歷十節也。積算甲申入九三世位辛酉。申酉皆金。

九三至於陽屯之位。不順所履。無定其位。[恆者常也而九三以陽居位立於陰陽交互之上是知不久爲所然易云] 不恆其德。或承之羞。陰陽升降反於陰。君道漸進。臣下爭權。運及於升。[次降入升卦]

昂按九三乾陽得正。而二四兩爻重剛。乾陽陷於上下坤陰之中。有屯坎之象。以剛履柔。宜守常而不變易正道。第四爻動成坤陰爲四世升卦。恆在震宮。乾陽出震爲復。息兌成臨。升由臨初之三。陽進於上。陰長於下。

䷭ 巽下坤上 升。陽升陰。而陰道凝盛。未可便進。漸之曰升。升者進也。卦雖陰而取象於陽。故曰以陽用事。[內巽陰木陽也] 與坤爲飛伏。[癸丑土庚午火]

昂按升陽以退爲進。漸巽在上。升巽在下。巽有順象。故漸之曰升。巽木位東南方。與本宮震木東方相鄰。故以陽用事。天干辛癸納內外二象。地支內外卦皆配丑亥酉。初爻辛丑四爻癸丑皆財祿。次爻辛亥五爻癸亥皆父母。三爻辛酉上爻癸酉皆官鬼。初四兩爻丑土與外卦坤土合。六爻雖缺火與木。而本宮震卦。內象巽卦。與入卦之心宿。皆屬木象。世位伏午火。建候有巳午兩火。坤在外卦。與爲飛伏。坤卦六四癸丑兄弟。伏升卦六四癸丑財祿之中。上六癸酉子孫。伏升卦上六癸酉官鬼之中。注文癸丑土。指升卦六四爻。庚午火。指本宮震卦九四爻。震四庚午子孫。伏升四癸丑中。適補其缺。飛伏不僅在世位。震卦次爻庚寅兄弟。亦伏升卦內巽次爻辛亥之中。卦中三四五互震也。

諸侯在世。元士爲應。

昂按升卦居震宮第四世。世位當六四。得正。應在初爻。以丑土應丑土。而元士失正。

候建庚辰至乙酉。清明秋分

昂按建時六四爻。始自庚辰。後三世恆卦一辰。值三月節清明。至乙酉。值八月中秋分。辰土生酉金。由庚辰歷辛巳壬午癸未甲申以迄乙酉。

積算起乙酉至甲申。周而復始。金水合木宮見象定吉凶

昂按積算三世恆卦自甲申起。升四世即迴至甲申。乙酉至甲申一周。甲乙皆木。與內卦巽木本宮震木相協。申酉皆金。與三上兩爻酉金相協。

五星從位起太陰。太陰水星入卦取象心宿入位降癸丑。心宿入卦配土位

昂按太陰北方水星入木宮。與二五兩爻亥水相比。心宿列正東震方卯木之位。震爲長子。升卦第四爻伏有震宮子孫。心宿有子屬之象。開元占經石氏於心宿取子屬之象升彖辭勿恤。象傳初六合志。九二有喜。九三无所疑。六五得志。皆心宿人心之象。鄭氏爻辰補艮旅渙三卦值心宿皆取人心之象第五爻變之正。外卦成坎。亦爲心也。心宿降入第四爻癸丑。以木降土。與卦體巽木配坤土相合。

土下見木。內外俱順。動陰陽而長。歲時人事配吉凶。發乎動。占歲時人事吉凶之兆見乎動易繫云。吉凶悔吝生乎動。氣候配象數位三十六。分陰爻數分陽爻數

昂按內巽木。外坤土。巽由坤陰入初。故巽之順法乎坤也。升由臨初升至三。諸卦從乾坤變化。陽動而上者。不止一卦。升卦定名。取升進之義。故京氏特舉動象。以發其例。升以陽用事。爲陽盈之卦。建始庚辰陽剛。配數三十有六。六辰中歷十二節。積算乙酉入六四世位癸丑。丑土生酉金。其數陽盈。

自下升高。以至於極。至極而反。以修善道而成其體。合抱之木始於毫末陰道革入陽爲坎。水與風見井。入井卦

昂按臨初陽升至三。三居內卦之極。至極而反。仍爲臨卦。臨卦在坤宮京氏言修善道。中大象君子順德之義。陸注合抱之木二語。取老子之說。以中大象積小高大之義。六五坤陰變坎陽。成五世井

卦。升卦二三四爻互兌。變成井後。三四五爻互離。革卦下離上兌。故曰陰道革入陽也。

☵☴ 巽下坎上井。陰陽通變。不可革者井也。井道以澄清不竭之象。而成於井之德也。易云。井者德之基。又云。往來井井。見功也。改邑不改井。德不可渝也。井道以澄清見用爲功也井象德不可渝變也與坎爲飛伏。戊戌土庚中金

昂按井卦世在第五爻。五由泰初而來。九五坎陽旣正位。不能渝變。初爻爲井之基。失正宜修耳。巽木坎水相生。辛戊納內外二象。初爻辛丑五爻戊戌皆財祿。次爻辛亥上爻戊子皆父母。三爻辛酉四爻戊申皆官鬼。二上亥子重水。與外卦坎體合。六爻所配五行。缺火與木。而三四五互離火。建始已火。兼有午火。本宮震卦與內巽皆木象。星宿入卦。亦皆木象。坎在外卦。故與爲飛伏。注文戊戌土。指井卦九五爻。庚申金。指震卦六五爻。井五即坎五也。就其所缺兄弟子孫。推本宮震卦。震次爻庚寅兄弟。伏井卦內巽次爻辛亥之中。四爻庚午子孫。伏井卦外坎四爻戊申之中。與升卦所伏同例。惟錄四爻干支五行有別耳。

九五處至尊。應用見本象。

昂按井卦列震宮五世。世爻當九五。至尊得位。應在次爻。大夫失正。九二亥水受剋於九五戊土。

建辛巳至丙戌。小滿寒露

昂按本宮震卦建候至辛巳止。井卦五世。建候即起自辛巳。值四月中小滿。至丙戌。值九月節寒露。由辛巳歷壬午癸未甲申乙酉以迄丙戌六辰。

積算起丙戌至乙酉。周而復始。火土入卦起算數

昂按積算四世升卦自乙酉起。井五世積算即迴至乙酉。丙戌至乙酉一周。戌土酉金。與飛伏土金同行。建月巳火生戌土。入卦起數。酉金從土生也。

五星從位起歲星。木星入卦東方用事尾宿從位降戊戌。尾宿配戊戌入卦宮

昂按歲星木象入木宮。與內卦巽木相比。木星位東方。尾亦東方木宿。度數自卯宮而止寅宮。尾一名天矢。開元占經石氏說九二射鮒。射義由矢象引申。尾宿九星爲天之九子。開元占經石氏說井在震宮。震爲長子。第四爻子孫伏井卦第四爻。此有關於尾宿子象。尾宿降入第五爻戊戌土。與建月戌土相符。

坎下見風險於前。內外相資益於君。井以德立君正民信德以其道也賢人有位。君子不孤。傳曰德不孤。必有鄰。六六各處其務反覆陰陽變化各得其道也氣候所象。定數於二十八。爻配陰陽分八卦吉凶具見矣

昂按井五世爻中正得位。初二再相變易。前六爻皆得其道矣。井由泰反否。陽盈通於陰虛。建始

辛巳陰柔。六辰中歷十節。故定數二十有八。積算內戌入第五爻戊戌。同戊土也。

天地之數·分於人事。（近取諸身遠取諸物）吉凶之兆。定於陰陽。陰生陽消。陽生陰滅。二氣交互。萬物生焉。震至於井。陰陽代位。至極則反。與巽為終。退復於本。故曰游魂為大過。（降入大過卦）

按昂井由泰反否。否泰循環。陰陽消長。震宮變至第五爻成井。上爻宗廟不變。故變至五而已極。陽復於四·成游魂大過。

☱☴巽下兌上大過。陰陽代謝。至於游魂。繫云。精氣為物。游魂為變。是故知鬼神之情狀。互體象乾。以金土定吉凶。去本末。取二五為過之功。（大者相過）與坎為飛伏。（丁亥水 戊申金）

昂按震宮之魂游歸在兌。大過游魂。兌在外卦。歸魂隨卦亦然。大過二三四五互重乾。初上巽兌。以坤陰為終始。乾神精粹。坤鬼變化。乾金坤土。以定吉凶。去本末。取二五。崇乾陽為大也。辛丁納內外象。初爻辛丑上爻丁未皆妻財。次爻辛亥四爻丁亥皆父母。三爻辛酉五爻丁酉皆官鬼。三五兩爻酉金。與外卦兌金合。五行缺木與火。而內卦有巽木。建候有寅卯兩木。入卦有火星木宿。京氏書與坎為飛伏。大過由井卦魂游於四。故飛伏在坎。與井卦同。四陽陷二陰中。為坎陽兼畫之象。注文丁亥水。指大過九四爻。戊申金。指坎卦六四爻。世位水中伏金。與坎宮四世革卦同例。本宮震卦次爻庚寅兄弟。伏大過次爻辛亥之中。四爻庚午子孫。伏大過四爻丁亥之中。此就本卦所缺火木推之震宮者也。

降諸侯。立元首。元士居應上。

昂按游魂世在第四爻諸侯之位。世位卽元首。與初爻元士相應。陰陽皆失正。九四亥水應初六丑土相剋。

建丙戌至辛卯。起元氣從丙戌至辛卯爲卦建建者則所生之位今立建起至辛卯取陰陽至位極處也寒露至秋分

昂按注文元氣之氣字當作首。秋分當作春分。五世井卦建候迄於丙戌。大過游魂從井四變入。建候九四。卽從丙戌起。後井卦五辰。丙戌值九月節寒露。方伯兌卦九二當之。大過上兌辛卯值二月中春分。由丙戌經丁亥戊子己丑庚寅迄辛卯。第二辰丁亥與九四干支相同。

積算起辛卯至庚寅。周而復始。土木入卦用事

昂按積算從建月至極之辛卯計起。庚辛皆金。寅卯皆木。注文土木入卦用事。就建月戌土卯木而言。

五星從位起熒惑。熒惑火星入卦箕宿從位降丁亥。箕宿配丁亥水合卦宮也

昂按熒惑南方火星入木宮。南方離火生於東方震木。箕宿列東北方寅位。爲東方震木青龍之尾。降第四爻丁亥。從艮方寅木入乾方亥水。

陰陽相盪。至極則反。反本及末於游魂。分氣候三十六。六爻極陰陽之數三十六五行分配定吉凶於積算陽入陰。陰陽交互。反歸於本曰歸魂。降隨卦。入澤雷隨卦

昂按大過在陰虛消息中。建丙戌陽剛。六辰中歷十二節。氣候三十六。爲陽實之數。積算丙戌入第四爻丁亥。戊土剋亥水。建月戊土爲卯木所剋。陰陽輾轉相制而復相資也。大過內卦反震。成歸魂隨卦。

☳☱ 震下兌上 隨。震象復本曰隨。內見震也內象見震曰本。從震起至隨爲歸魂純木用事。與巽爲震伏。庚辰土辛酉金

昂按震宮變至隨卦。內象由第三爻魂歸成震。純木爲基。庚丁納內外象。初爻庚子四爻丁亥皆父母。次爻庚寅兄弟。三爻庚辰上爻丁未皆財祿。五爻丁酉官鬼。次爻寅木與內卦震木合。五爻酉金與外卦兌金合。五行缺火。建候亦然。內卦返震。由游魂大過下巽變入。隨三四五爻互巽。故與巽爲飛伏。同於本宮震卦。注文庚辰土。指隨卦六三爻。辛酉金。指巽卦九三爻。世位土中伏金。與巽宮三世益卦同例。就本宮震卦推其所闕。四爻庚午子孫。伏隨卦四爻丁亥之中。

世立三公。應宗廟。

昂按歸魂世在第三爻。與上爻宗廟相應。而三公失正。以辰應未。皆土象。

建乙酉至庚寅。秋分立春

昂按游魂大過建始內戌。隨歸魂先一辰。建候始自六三爻。起乙酉受氣。值八月中秋分。庚寅與次爻干支相符。值正月節立春。由乙酉經內戌丁亥戊子己丑迄庚寅成體。丁亥與九四干支相同。六辰中經歷乙酉八月中秋分。至戊子十一月節大雪。分值方伯兌卦六爻。隨卦上兌始酉金。終寅木。與卦體震木兌金相合。

積算起庚寅至己丑。土木入卦氣算周而復始。吉凶定於算數爲準

昂按積算游魂大過迴轉至庚寅。隨歸魂即自庚寅起。庚寅至己丑一周。寅木丑土。入卦用事。

五星從位起鎮星。鎮星土入卦用事計都從位降庚辰。計都配庚辰土入卦分吉凶

昂按鎮星土象入木宮。與世爻辰土相比。下震純木。木雖剋土。土實輔木用事。計宿列東北方艮土之位。而爲北方水宿之一。降入第三爻庚辰。辰亦土也。

氣候分數二十八。定數於六位六位雖殊。吉凶象震。進退隨時。各處其位。無差晷刻。內外二象悅而動。隨附於物。係失在於六爻。易云係丈夫失小子又云係小子失丈夫此之謂也吉凶定於起算之端。進退見乎隨時之義。金木交刑。水火相敵。休廢於時。吉凶生焉。

昂按隨卦消息。陽實通於陰虛。建乙酉干支陰柔。六辰中歷十節。積算庚寅入第三爻庚辰。候數二十八。爲陰虛之數。隨由否上之初。否時漸變爲泰時。有隨時之象。內外二象震木兌金。次爻

寅木。五爻酉金。建月酉金寅木。皆交相刑剋。震宮第四爻午火。潛藏於隨卦四爻亥水。卽水火相敵也。金遇木而休。木遇水而廢。水遇金而廢。遇火而休。火遇木而廢。遇金而休。

震以一君二民。動得其宜。震一陽二陰陽君陰民得其正也本於乾而生乎震。故曰長男。陰陽升降爲八卦。至隨爲定體。資於始而成乎終。坎降中男而曰坎。互陽爻居中爲坎卦。

昂按坎降之坎字當作次。震宮終於隨。而乾資始在震。成終在艮。介乎中者爲坎卦。震宮降成坎卦。陽則上升矣。就隨卦降入坎卦推之。初二男位。九四陽變爲陰。則入坎卦。

☵☵ 坎下坎上 坎。積陰以陽處中。柔順不能履重剛之險。故以剋。克柔而履險而曰陽。是以坎爲屬中男分。北方之卦也。與離爲飛伏。戊子水己巳火

昂按坎宮由乾宮二五入坤。卽由震宮初四升至二五。以剛制柔。而積陰爲險。方位在北。陽生子水。內外二象天干皆納戊土。初爻寅木子孫。次爻辰土五爻戌土皆官鬼。三爻午火財祿。四爻申金父母。上爻子水兄弟。子水與卦體坎水合。坎離相出入●故互爲飛伏。注文戊子水。指坎卦上六爻。己巳火。指離卦上九爻。

世立宗廟。居於陰位。比近九五。全於坎道。遠於禍害。三公居應。亦爲陰晤。成坎之德。在於九五九二也。內外居坎陽處中而爲坎主純陰得陽爲明臣得君而安其居也君得一作臣而顯其道也

昂按世文當上六宗廟之位。比近九五至尊。第三爻三公陰居陽位。不能得正。午火受剋於上爻子水。子午相衝。子水午火與水火飛伏同行。二五兩爻陽居陰中。有履險之象。而冬至陽生。節氣在坎。

建起戊寅至癸未。 大暑大雪

昂按注文大暑大雪當作立春大暑。建候上六爻。起戊寅受氣。後震卦二辰。與初爻干支相同。天干戊與原爻納戊相符。時值正月節立春癸未成體。值六月中大暑。與乾宮大有卦震宮解卦同。坎爲方伯卦。初六冬至。時值丙子。九二小寒。六三大寒。時值丁丑。六四立春。九五雨水。時值戊寅。上六驚蟄。時值己卯。依京氏所列。每爻配一辰。則上六建始戊寅。初六值己卯也。

積算起癸未至壬午。周而復始。 金水入卦本同宮氣候起算時日歲月吉凶

昂按積算起六月癸未。亦後震卦二辰。迴環至壬午一周。亦同於大有解兩卦，午火生未土。二五乾陽金象。入坎爲水。太白金星。牛水宿。故金水入卦。

五星從位起太白。太白金星入水宮 牛宿從位降戊子。二十八宿從位八卦周而復始

昂按太白西方金星入水宮。與六四申金相合。牛宿列東北方丑位。而爲北方坎水七宿之一。入上六爻戊子。以水降水。牛宿上二星主道路。開元占經甘氏說 坎象地險。卽牛宿之象。

歲數運數三十六。配六位分陰陽三百五十六餘日四分之一分五行配運氣吉凶見矣內外俱坎。是重剛之位。易曰。坎陷也。坎水能深陷于物處坎之險不可不習故曰習坎便習之習後可得履于險而不陷沒者不以剛履柔不能成坎之道也震以陽居初。能震動於物。能爲動主。乾生震一陽居於初震爲長男坎以陽居中。爲重剛之主。故以坎爲險。陽變陰成於險道。今以陰變陽。止於爲節。次入于節卦

昂按坎以二五陽爻爲卦主。建始戊寅陽剛。六辰中歷十二節。積算癸未入上爻戊子。氣候三十有六。歲數三百五十六餘日四分之一。舉成數爲三百六十日。十分之一卽三十六。二五以剛處柔。內外險象。乾陽剛健而能不陷。以成坎之德。承震之長男而爲中男。冬至出震。而坎初節氣當之。震坎同以乾陽爲卦主也。初爻陰變陽。成一世節卦。

䷻兌下坎上節。水居澤上。澤能積水。陽止於陰。故爲節。節者止也。陽陰蓄而積實居中。悅內而險於前。陰陽進退。金水交運。與兌爲飛伏。丁巳火戊寅木

昂按節由泰卦乾二之坤五。以陽蓄陰。陽進尊位。陰退下卦。三四五互艮。故有止象。兌金生坎水。交運用事。內外配丁戊二象。初爻丁巳財祿。次爻丁卯子孫。三爻丁丑五爻戊戌皆官鬼。四爻戊申父母。上爻戊子兄弟。兌在內卦。與之爲飛伏。注文丁巳火。指節卦內兌初九爻。戊寅木。指本宮坎卦初六爻。世位火中伏木。

无士立元首。見應諸侯。金火受其氣納到內

昂按注文內字下脫卦字。內卦兌金。初爻世位納巳火。故金火受氣也。節爲坎宮一世卦。世位卽元首。例並見大過卦當初九元士。與第四爻諸侯相應。初陽四陰皆得正。巳火應申金。雖相剋制。而巳與申合。

建起甲申至己丑。爲本身節氣立秋大寒

昂按建候初九爻。始自甲申。後本宮坎卦戊寅六辰。值七月節立秋。己丑值十二月中大寒。大寒當方伯坎卦六三爻。節卦上坎由甲申歷乙酉丙戌丁亥戊子迄己丑。六辰中經歷乙酉八月中秋分。至戊子十一月節大雪。分值方伯兌卦六爻。節卦下兌

積算起己丑至戊子。周而復始。金水坎火運入卦雜定吉凶

昂按積算起己丑。亦後本宮坎卦癸未六辰。迴環至戊子一周。戊己皆土。終始相循。戊子與上六爻下支相符。兌金坎水。世爻當巳火。故注文以火與金水並言。建始值立秋。方伯離卦九四當之。坎宮通於離火也。

五星從位起太陰。太陰屬水入卦用事女宿從位降丁巳。配象入積算

昂投太陰北方水星入水宮。女宿度數由丑宮止於子宮。正當坎宮方位。星宿皆水。與外卦坎水及上爻子水相比。女宿主嫁娶。開元占經聖洽符曰須女者主嫁娶也甘氏曰將有嫁娶占於須女節卦在泰否變化中。次於歸妹之後。

其消息固相通也。女宿降初九世爻丁巳。水星入巳火。水火相胎。金上見水，本位相資。二氣交爭，失節則嗟。易云。不節若，則嗟若。分氣候二十八。積算起數中二十八男入兌少女分，盪入陰中。位見陽升降。見長男。次入水雷屯。（是則節儉入陽盪九二爻體歸於陽之入屯卦）

昂按兌金坎水相生而泰卦乾三之坤五。中正得位。坤五之乾三則失位。故失節則嗟。象在六三。二三易位則濟矣。分氣候二十八。二十八當作三十六。建始甲申陽剛。六辰中歷十二節。積算己丑入初爻丁巳。巳火丑土相生。其數陽盈。九二陽動入陰。兌變成震。爲二世屯卦。

䷂ 震下坎上 屯內外剛長。陰陽升降。動而險。凡爲物之始。皆出先難後易。今屯則陰陽交爭。天地始分。萬物萌兆。在於動難。故曰屯。（水在雷上如雲雷交作天地草昧經綸之始無出於此也）故易曰。屯如邅如。乘馬班如。泣血漣如。（屯難之際盤桓不進之貌）難定乃通。易云。女子貞不字。十年乃字。（字愛也時通則道亨合正匹也）土木應象見吉凶。與震爲飛伏。（庚寅木 戊辰土）

昂按爲物之爲字當作萬。出字當作由。屯列坎宮。由坎二之初。陰升陽降。震動於險難之際。三變則濟。震木坎水相生。二三四互坤。三四五互艮。坤艮皆土。震二寅木。坎二辰土。六二世位飛木伏土。世應兩爻亦以木應土。故土木應象也。內外配庚戊。初爻庚子上爻戊子皆兄弟。次爻庚寅子孫。三爻庚辰五爻戊戌皆官鬼。四爻戊申父母。初上兩爻子水。與外卦坎水合。次爻寅木與內卦震木合。五行缺火。建候亦然。本宮坎卦第三爻戊午財祿。伏屯卦內震第三爻庚辰之中。注文庚寅木。指屯卦六二爻。戊辰土。指坎卦九二爻。世位木中伏土。以內卦震宮推之。第三爻庚辰財祿。伏屯卦第三爻庚辰官鬼之中。

世上見大夫。應至尊。陰陽得位。君臣相應。可以定難於草昧之世。

昂按屯卦列坎宮二世。世爻在六二大夫之位。與九五至尊相應。寅木應戌土。與飛伏木土同行。五行雖相剋。而二五陰陽皆中正得位。

建乙酉至庚寅。秋分立春

昂按建候六二爻。始自乙酉。後一世節卦甲申一辰。當八月中秋分。庚寅當正月節立春。與震宮隨卦同。建候所經歷之戊子。與上六爻干支相同。庚寅與次爻干支相同。六辰中經歷戊子十一月中冬至。迄庚寅立春。分值方伯坎卦六爻。屯卦上坎

積算起庚寅至己丑。周而復始。土木配本宮起積算

昂按積算一世節卦從己丑起。屯二世即迴至己丑。庚寅至己丑一周。亦同於隨卦。寅木丑土。與飛伏世應木土皆同行。

五星從位起歲星。木星入卦虛宿從位降庚寅。虛宿入六二庚寅位

昂按歲星木象入水宮。與世爻寅木相比。虛宿列北方坎宮子水之中樞。與初上兩爻子水相合。降入六二世爻庚寅。子水生寅木也。木星水宿入卦。與卦體震木坎水相合。虛宿主哭泣。開元占經北宮候曰虛主哭泣上六泣血漣如。即虛宿之象。鄭氏爻辰補屯卦上六引北宮候說

分氣候三十六。定吉凶之數陽適陰。入中女。子午相敵。見吉凶。動入離象見既濟

昂按三十六當作二十八。建始乙酉陰柔。六辰中歷十節。積算庚寅入亥爻庚寅。其數陰虛。第三爻陰動入陽。震變成離。爲三世既濟卦。

䷾ 坎上離下 既濟。二氣無衝。陰陽敵體。世應分君臣。剛柔得位曰既濟。離坎分子午水上火下性相與交敵不間隔是曰既濟也

離爲飛伏。己亥水戊午火

昂按既濟六爻剛柔相資。坎陽凝五。離陰麗二。尊卑定位。不特三上世應得正也。內外配己戊土象。初爻己卯福德。次爻己丑五爻戊戌皆官鬼。三爻己亥上爻戊子皆兄弟。四爻戊申父母。三上兩爻重水。與外卦坎水合。五行缺火。建候亦然。而內卦有離火。世位有伏火。入卦有火星。離在內卦。與爲飛伏。既濟三即離三。注文己亥水。指既濟九三爻。戊午火。指本宮坎卦六三爻。世位水中伏火。與卦體離火坎水相合。坎三戊午財祿。適伏既濟九三己亥之中。當其闕也。

世上見三公。應上見宗廟。內外陰陽相應。坎離相納。上下交。坎水潤下離火炎上二氣相交爲既濟五行相配。吉凶

麗乎爻象。吉凶之兆見乎爻象

昂按既濟在坎宮第三世。世爻當第三爻三公。與上爻宗廟相應。亥水應子水。離正位南方。下濟而炎上。坎正位北方。上行而潤下。卦中二三四爻兼互坎。三四五爻兼互離。水火交而成既濟。猶之天地交而成泰。泰二五易位。卽成既濟也。

建丙戌至辛卯。寒露春分卦氣分節氣。始丙戌受氣。至辛卯成正象。考六位。分剛柔。定吉凶。

昂按建候九三爻。始自丙戌。後二世屯卦乙酉一辰。當九月節寒露。迄於辛卯。當二月中春分。與震宮大過同。建候所經歷之戊子己丑。方伯坎卦當之。既濟上坎與二上兩爻干支相同。建始受氣。迄終而正象成體。京氏特明其例以發凡也。

積算起辛卯至庚寅。周而復始。土木見運入卦

昂按積算二世屯卦自庚寅起。既濟三世。積算卽迴至庚寅。辛卯至庚寅一周。亦間大過卦。寅卯皆木。坎水生木。離火又由木生也。卦成水火。運交土木。建時戌土卯木

五星從位起熒惑。熒惑火星入卦危宿從位降己亥。危宿入己亥

昂按熒惑火星從南方入水宮。正當內卦離火之位。危宿度數起於北方。正當外卦坎水之位。降入第三爻世位己亥。仍屬水象。水火相胎也。火星水宿。與內卦離火外卦坎水相合。

分氣候二十八定六爻之類考吉凶之兆坎入兌爲積陰。二象分俱陰。上下反覆。卦變革。坎入革六四還之入陽變體爲陰也

昂按二十八當作三十六。建始內戌陽剛。六辰中歷十二節。積算辛卯入九三世位己亥。木水相生。數本陽盈。第四爻陰動入陽。坎陽變成兌陰。爲四世革卦。

䷰離下兌上革。二陰雖交。志不相合。體積陰柔。爻象剛健。可以革變。兌上離下。中虛務上下積陰。變改之兆。成物之體。故曰革。易云。君子豹變。小人革面。與兌爲飛伏。丁亥水戊申金

昂按卦象上兌誤書作震。今正。革卦下離上兌。皆陰柔之體。陽爲君子。陰爲小人。第四爻失位。革變爲宜。己丁納內外象。初爻己卯子孫。次爻己丑上爻丁未皆官鬼。三爻已亥四爻丁亥皆兄弟。五爻丁酉父母。酉金與外卦兌金合。五行缺火。建候亦然。而內卦有離火。兌在上卦。與爲飛伏。注文丁亥水。指革卦九四爻。戊申金。指本宮坎卦六四爻。世位水中伏金。革四卽兌四也。本宮坎卦三爻戊午財祿。伏革三爻己亥之中。

諸侯當世。見元士。九五六二爲履正位。天地革變。人事隨而更也。更者變也

昂按見字下脫應字。革爲坎宮第四世卦。世爻當第四爻諸侯之位。不能得正。而以亥水應初爻元士之卯木。能相生也。坎宮九五未變。二五陰陽皆中正得位。

建始丁亥至壬辰。小雪清明水土配位。土水入卦

昂按建始九四爻。起自丁亥。與第四爻干支相符。後三世旣濟丙戌一辰。值十月中小雪。方伯兌卦九九當之。本卦所建丁亥。在外兌九四爻也。壬辰值三月節淸明。由丁亥經戊子己丑庚寅辛卯迄壬辰。己丑與六二爻干支相同。建月亥水辰土配位。土剋制水。革變之象。

積算起壬辰至辛卯。周而復始。

昂按積算三世旣濟自辛卯起。革五世卽迴至辛卯。壬辰至辛卯一周。木復剋土。革變相循也。

五星從位起鎭星。土星入卦室宿從位降丁亥。二十八宿室宿入卦革丁亥土

昂按注文革卦二字誤倒。丁亥土。土當作水。鎭星土象入水宮。內卦離火生土。外卦兌金從土生出。建月積算之辰土。與六爻中丑未兩土相比。室宿列西北方亥水之位。與三四兩爻亥水及本宮坎水相合。土星水宿。與建候亥水辰土同行。湯武革命而征誅興。卽營室軍戎之象。開元占經黃帝占曰營室三軍所立外有羽林以衛帝

分氣候三十六。其數起元首。分陰陽之象數吉凶生矣上金下火。金積水而爲器。器能盛納於物火變生而爲熟。生熟稟氣於陰陽。革之於物。物亦化焉。五行類五色五色類萬物稟和氣氣節順剛卽逆逆卽反反卽敗易云。己日乃孚。孚猶信也陰陽更始。動以見吉凶。震主動也動以柔當位。剛會之光大。革變於豐。外卦兌入震爲豐卦

昂按三十六當作二十八。建始丁亥陰柔。六辰中歷十節。積算壬辰入九四丁亥世位爲元首。數本

陽盈。離火兌金。會於坎宮之水。陰陽相資。離卦天干納己。故己日乃孚。說詳拙著周易虞氏學第五爻陽動入陰。變兌成震。是爲五世豐卦。

☳☲離下震上豐。雷火交動。剛柔散。氣積則暗。動乃明。易云。豐其屋。蔀其家。闚其戶，闃其無人。三歲不覿。乃凶。上六積暗而動凶之於上反下見陰之兆火木分象。配於積陰。與震爲飛伏。震申金戊戌土

昂按豐卦五上積陰。五與四易位。則三四五爻亦互離。震木生離火。己庚納內外象。初爻己卯福德。次爻己丑上爻庚戌皆官鬼。三爻己亥兄弟。四爻庚午財祿。五爻庚申父母。初爻卯木與外卦震木合。四爻午火與內卦離火合。震在外卦。與之爲飛伏。注文庚申金。指豐卦六五爻。豐五即震五。戊戌土。指本宮坎卦九五爻。坎五戊戌屬官鬼。與震五同。震五庚申本官鬼

陰處至尊爲世。大夫見應。君臣相暗。世則可知。臣强君弱。爲亂世之始。

昂按豐爲坎宮五世卦。世爻當六五尊位。以陰居陽。位不得正。申金應六二丑土。與金土飛伏同行。二五皆陰。陰積則暗。豐由泰二之四。有反否消息。亂世之機已兆矣。

建始戊子至癸巳。大雪小滿

昂按建侯六五世位。始自戊子。後四世革卦丁亥一辰。值十一月節大雪。迄於癸巳。值四月中小滿。方伯震卦六五當之。豐卦上震本卦所歷癸巳。在外震九四也。由戊子經己丑庚寅辛卯壬辰迄癸巳

。己丑與六二爻所納干支相同。

雷與火震動曰豐。宜日中。夏至積陰生。豐當正應。吉凶見矣。日中也積算起癸巳至壬辰。周而復始。火土起算

昂按建月迄四月癸巳。易緯稽覽圖與虞氏消息。卦氣皆當六月乙未。而介於四六兩月之間者。即五月甲午夏至一陰生。交離卦初九也。得正則吉。失位則凶。四五相易互離。宜日中。豐當正應。積算四世革卦自壬辰起。豐五世。積即迴至壬辰。癸巳至壬辰一周。巳火生辰土以起算也。

五星從位起太白。太白金星入卦壁宿從位降庚申。壁宿入坎宮豐庚申入土

昂按太白西方金星入水宮。與世爻申金相比。壁宿列西北方亥水之位。與九三亥水相合。金星生水宿也。壁爲北方坎宮七宿玄龜之尾。坎宮世數變至豐五而極。故壁降豐五庚申入金。積算至壬辰入土。注謂壁宿入坎。至豐庚申入土。是也。

分氣候二十八。積算起數二十八定六位上木下火。氣稟純陽。陰生於內。陽氣雜。正性潰。亂極乃反。爲游魂。入積陰。震入坤也陰陽升降。反歸於本。變體於有無吉凶之兆。成見於有。或見於無。陰陽之體。不可執一爲定象。於八卦陽盪陰。陰盪陽。二氣相感而成體。或隱或顯。故係云。一陰一陽之謂道。道也一者外卦震降陰。入明夷。次入明之於入明夷卦

昂按二十八當作二十六。建始戊子陽剛。六辰中歷十二節。積算癸己入六五世位庚申。氣候分數本陽盈也。外象震木。乾陽盪陰。內象離火。坤陰盪陽。卦宮變至第五爻而極。坎五陽動。正性潰亂。亂極則反。魂游於四。積陰成坤。陰陽摩盪。飛顯伏隱。象消則無。體長則有。有消爲無。無息爲有。反復於有無之際。吉凶在升降之間。此不僅坎宮變易至極而已也。注文次入明之於入明夷卦。誤衍「明之」「入」三字。當作次入於明夷卦。

☷☲離下坤上明夷。積陰盪陽。六位相傷。外順而隔於明。處暗不分。一作明傷於正道曰明夷。夷者傷也五行升降。八卦相盪。變陽入純陰。春夏之秋冬也陰道危。陽道安。故與震爲飛伏。癸丑土庚午火傷於明而動乃見志。震動也。

昂按坎宮之魂游歸在坤。明夷游魂。坤在外卦。歸魂師卦亦然。明夷由臨二之三。臨陽盪陰。而積陰猶盛。二之三則三之二。陰復盪陽。積暗傷明。氣候變陽入陰。小滿至寒露詳後陰極則陽生。故與震爲飛伏。三四五互震。由豐卦魂游於四。飛伏於四。飛伏同在震也。卦體離火坤土相生。注文癸丑土。指明夷六四爻。庚午火。指震卦九四爻。上中伏火。與震宮四世升卦同例。火土與卦體離火坤土相合。己癸納內外象。初爻己卯子孫。次爻己丑四爻癸丑皆官鬼。三爻己亥五爻癸亥皆兄弟。上爻癸酉父母。初四兩爻丑土。與外卦坤土合。五行缺火。而內卦有離火。世位有伏火。

建候有巳午兩火。以本宮坎卦推之。三爻戊午財祿。潛藏於明夷三爻己亥之中。此又一飛伏也。

退位入六四。諸侯在世。元士爲應。君暗臣明。不可止。箕子與紂也

昂按游魂世位在第四爻。元士應諸侯在初爻。陰陽皆得位。惟丑土應卯木相剋。六五君暗。六二臣明。坤五本離爻。而謂之暗者。處積陰之中。不凝乾陽故耳。

建起六四癸巳至戊戌。游魂及六四爻數起小滿至寒露

昂按五世豐卦建候至癸巳止。明夷由豐四變成游魂。建候起六四。後豐卦五辰。即始自癸巳。天干癸與原爻納癸相符。值四月中小滿。戊戌值九月節寒露。由癸巳經甲午乙未丙申丁酉迄戊戌。離在內卦。甲午五月中夏至迄丁酉八月節白露。即方伯離卦當之。巳火戌土。與內卦離火外卦坤土及飛伏土火皆相合。京氏於他卦建始。但言干文。不舉爻位。此言建起六四癸巳至戊戌。特詳世位之爻。以發其凡例耳。

積算起戊戌至丁酉。周而復始。土星入卦起算數

昂按積算起戊戌至丁酉一周。戊土生酉金起數也。

五星從位起太陰。太陰水星入卦奎宿從位降癸丑。奎宿入明夷配六四癸丑土上

昂按太陰北方水星入水宮。與本宮坎水及三五兩爻亥水相合。奎宿度數起於西北方亥水之位。而

爲西方七宿之冠。受轄於兌金。金有兵象。奎主庫兵。開元占經石氏讚九三南狩。即奎宿之象。降第四爻癸丑土。土生金也。

分氣候三十六。三十六數入卦起算推凶吉地有火。明於內。暗於外。當世出處。爲衆所疑。之所及傷於明。易曰。三日不食。主人有言。陰陽進退。金水見火。氣不相合。六位相盪。四時運動。靜乃復本。故曰游魂。本以宮八卦相盪六位推遷也次降歸魂入師卦。

昂按之字衍。注文以字當在本字上。建始癸巳陰柔。六辰中歷十節。積算戊戌入第四爻癸丑。丑戌皆土。分候三十六。三十六當作二十八。其數陰虛。坎宮水。積算至乙酉金。六爻五行缺火。而與離火相遇。火剋金。水又剋火。不能相合。外坤爲衆。二三四爻互坎爲疑。故爲衆所疑。第四爻本由震動變爲坤靜。歸魂成師卦。

䷆ 坎下坤上 師。變離入陰陽於正道。復本歸坎。陽在其中矣。內卦坎爲本宮處下卦之中。爲陰之主。利於行師。易云。師者衆也。衆陰而宗於一。一陽得其貞正也。與離爲飛伏。離入坎也陰陽相薄。剛柔遷位。

戊午火
己亥水

昂按師卦三復魂歸。世位在三。而卦主在二。貞於一陽也。內卦返坎。由游魂明夷內離變入。陽薄陰。剛遷柔。故與離爲飛伏。同於本宮坎卦。注文戊午火。指師卦六三爻。己亥水。指離卦九三爻。世位火中伏水。與離宮三世未濟卦同例。內爻二象配戊癸。初爻戊寅子孫。次爻戊辰四爻癸丑皆官鬼。三爻戊午財祿。五爻癸亥兄弟。上爻癸酉父母。二四兩爻重土。與外卦坤土合。五爻亥水與內卦坎水合。

世主三公。應爲宗廟。

昂按歸魂世在第三爻。師三失正。午火應上爻宗廟。酉金受剋。

建始壬辰至丁酉。（清明秋分）

昂按游魂明夷建始癸巳。師歸魂先一辰。建候六三。始自壬辰。當三月節清明。丁酉當八月中秋分。辰土生酉金。由壬辰受氣。經癸巳甲午乙未丙申迄丁酉成體。

積算起丁酉至丙申。周而復始。（金火入卦起算）

昂按游魂明夷積算迴轉至丁酉。師卦積算卽自丁酉計起。至丙申一周。丁丙皆火。酉申皆金。故金火入卦起算。內卦離火雖變成坎水。而世爻仍當午火之位。

五星從位起歲星。（歲星木入卦）婁宿從位降戊午。（婁宿入坎卦歸魂六三爻）

昂按歲星東方木象入水宮。與初爻寅木相比。婁宿列西北方戌位。爲西方白虎金宿之一。降第三爻戊午。由陰而入陽。婁有衆象。（開元占經郗萌曰有聚衆之事則占於婁）師者衆也。卽婁宿之象。婁又主苑牧犧牲。

見文獻通考 六五田有禽。亦婁象也。

分氣候二十八。起算入卦吉凶 地下有水。復本位。六五居陰處陽位。九二貞正。能爲衆之主。不潰於衆。易云。師貞丈人吉。入卦始於坎。陰陽相盪。反至於極。則歸本坎中男。陽居九二稱中男 升降得失。吉凶悔吝。策於六爻。六爻之設出於蓍。蓍之得象而卦生。積算起於五行。五行正則吉。極則凶。吉凶之象。顯於天地人事日月歲時。坎之變於艮。艮爲少男。少男處卦之末爲極也。震一陽居初爻坎二陽處中艮三陽處卦之末故曰陽極爲少男又云止也 次入艮卦。

昂按分氣候二十八。二十八當作三十六。建始壬辰陽剛。六辰中歷十二節。積算丁酉入歸魂三爻戊午。其數陽盈。卦以坎陽爲主。而九二陽居陰位。六五陰居陽位。皆不得正。貞丈人吉。失正者以變動爲貞。二五易位。則坎在上卦。變成坤宮歸魂比卦矣。節氣比次師後立夏師次候比末候師屬坎宮。建始三月壬辰。震木主事。坎水生震木。歸魂午火。木能生之。積算酉申皆金。火能制之。吉凶之象。蘊於五行。而著於蓍策。可推而知也。中男坎陽二之三。五之上。成少男艮卦。就師卦降入艮卦推之。二三易位。上六陰變爲陽。則入艮卦。

☶☶ 艮下艮上 艮。乾分三陽爲長中少。至艮爲少男。本體屬陽。陽極則止。反生陰象。易云。艮止也。於人爲手。爲背。取象爲山。爲石。爲門。爲狗。上艮下艮二象。土木分氣候。與兌爲飛伏。丙寅木丁

未爲少男取少女相配

昂按注文丁未下脫土字。陰積陽下。土象與坤同。乾陽終止於艮。陽雖老而分則幼。故爲少男。與兌少女對象。互爲飛伏。土木分氣候。建寅木至未土。艮卦上爻丙寅木。兌卦上爻丁未土。陽極則變。艮中伏兌。即木中伏土。內外象天干皆配丙火。初爻丙辰四爻丙戌皆兄弟。次爻丙午父母。三爻丙申子孫。五爻丙子財祿。上爻丙寅官鬼。初四兩爻重土。與卦體艮土合。

世上見宗廟。三公爲應。陰陽遷次。長幼分形。乾三生男將至艮極少長分形長中分之謂建也

昂按世在上爻。與第三爻三公爲應。惟宗廟不得正。寅木受剋於九三申金。寅申相衝。

庚寅至乙未。立春大暑陰長陽極。升降六位。進退順時。消息盈虛。

昂按庚寅至乙未句首有建字。誤入上文注中。建候上九。後坎卦十二辰。始自庚寅。與原爻所納寅木相同。時當正月節立春。乙未當六月中大暑。由庚寅受氣。經辛卯壬辰癸巳甲午迄乙未成體。建候寅木未土。與飛伏木土同行。

積算起庚寅至己丑。周而復始。木上入卦

昂按積算起庚寅至己丑。當云積算起乙未至甲午。注文上字當作土。積算起乙未。亦後坎卦十二辰。至甲午一周。甲乙皆木。

五星從位起熒惑。熒惑火星入卦胃宿從位降丙寅。胃宿入卦分位

昂按熒惑南方火星入土宮。火生土也。胃宿度數起戌位而止於酉位。爲西方酉金七宿之一。降上爻丙寅。金入木也。

分數位三十六。配位六卦分凶吉金木相敵。升降以時。艮止於物。背於物。易云。時止則止。時行則行。剛極陽反。陰長積氣。止於九三。初六變陽。取其虛中、文明在內。成於賁。次降入賁卦。

昂按艮爲陽卦。建始庚寅陽剛。六辰中歷十二節。積算乙未入上爻丙寅。分數三十六。其數盈也。世爻寅木與兌金飛伏。故金木相敵。九三與四五互震　止爲艮象。行爲震象。陰陽遷次。拯幼分形。故時止則止。時行則行也。初爻陰動入陽。艮變成離。爲一世賁卦。

☲☶離下艮上賁。泰取象。上六柔來反剛。九二剛上文柔。成賁之體。止於文明。賁者飾也。五色不成謂之賁。文彩雜也。山下有火。取象文明。火土分象。與離爲飛伏。己卯木丙辰土

昂按反字當作文。賁由泰上之二。剛柔糅雜而成文。離火艮土分象。故與離爲飛伏。內外納己丙二象。初爻己卯上爻丙寅皆官鬼。次爻己丑四爻丙戌皆兄弟。三爻己亥五爻丙子皆財祿。二四兩爻重土。與外卦艮土合。離卦初爻父母。次爻子孫。伏賁卦內離初二兩爻之中。就本宮艮卦推之。次爻丙午父母。三爻丙申子孫。伏賁卦二三兩爻之中。不僅初爻世位相伏也。注文己卯木。指

賁卦內離初九爻。丙辰土。指艮宮初六爻。六爻五行雖缺火與金。而配卦有離火。律候有巳午兩火。入卦有金宿也。

世立元士。六四諸侯任應。陰柔居尊。文柔當世。素尚居高。侯王無累。易云。賁于丘園。束帛戔戔。

昂按賁爲艮宮一世卦。世在初爻元士。應六四諸侯。剛柔皆得位。六五陰柔居尊。終爲失正。與上易位。始吝終吉。卯木應戌土。雖不免剋制。而卯與戌合。木土與飛伏木土同行。

建始辛卯至丙申。春分立秋

昂按建候初九。始自辛卯。與原爻所納卯木相同。後本宮艮卦庚寅一辰。時值二月中春分。丙申值七月節立秋。方伯離卦九四當之。賁卦下離由辛卯受氣。經壬辰癸巳甲午乙未迄丙申。

積算起丙申至乙未。周而復始。金土入卦起算

昂按積算本宮艮卦從乙未起。賁一世即迴至乙未。丙申至乙未一周。申金與未土相生。

五星從位起鎮星。鎮星入卦昴宿從位降己卯。昴宿配賁卦初九陽位起算

昂按注文鎮當作土。鎮星土象入土宮。與艮宮及外卦艮土相比。昴宿列西方西金之中樞。降初爻己卯木。酉衝卯。金剋木。剛柔雖互相文飾。而賁之消息將由泰反否。柔漸勝剛矣。土星金宿。

與積算申金未土同行。

分氣候二十八。起六位五行算吉凶土火木分陰陽。相應爲敵體。上九積陽素尚。全身遠害。貴其正道。起於潛。至於用九。假乾初上爲喻也。陰陽升降。通變隨時。離入乾。將之大畜。次降六二中虛爲三連。入太畜卦。陰消陽長

昂按太當作大。賁由泰反否。建月由陽入陰。春分至立秋肇始辛卯陰柔。六辰中歷十節。積算丙申入初爻己卯。氣候二十八。亦虛數也。艮土離火。加以世爻己卯木。故土火木分氣候。上九陽極而失位。與乾卦上爻用九同象。來五相易。方得正道。內卦第二爻變離入乾。成二世大畜卦。

䷙乾下艮上大畜。陽長陰消。積氣凝盛。外止內健。二陰猶盛。成于畜義。易云旣處。畜消時行。陽未可進。取於下卦。全其健道。君子以時順其吉凶。與乾爲飛伏。甲寅木丙午火

昂按大畜二陰畜隔陽。小畜一陰畜復陽。陽雖盛長。陰未可侮。易云旣處。本小畜上九爻辭。取外卦巽處之象。大畜外卦消巽成艮。艮爲止象。止有處義。其道可通。乾金艮土相生。內外配甲內二象。初爻甲子五爻丙子皆財祿。次爻甲寅上爻內寅皆官鬼。三爻甲辰四爻丙戌皆兄弟。辰戌兩土與外卦艮土合。內乾爲飛伏。乾卦初爻甲子福德。三爻甲辰父母。伏大畜內乾初三兩爻之中。以本宮艮卦推之。三爻丙申子孫。亦伏在大畜三爻。不僅世位伏艮卦次爻丙午父母也。注文甲

寅木。指大畜九二爻。丙午火。指艮卦六二爻。五行缺火與金。而內卦有乾金。世位有伏火。建候有巳午兩火與申酉兩金。足以濟之矣。

建始壬辰至丁酉。（清明 秋分）

昂按建候九二爻起。始自壬辰。後一世賁卦辛卯一辰。當三月節清明。丁酉當八月中秋分。與坎宮師卦同。辰土酉金。與卦體乾金艮土相合。

積算起丁酉至丙申。周而復始。（金土入卦分吉凶起算）

昂按積算一世賁卦從丙申起。大畜二世。即迴至丙申。丁酉至丙申一周。亦同於師卦。丙丁皆火。與外卦配丙火相合。

五星從位起太白。（太白金星入卦推吉凶）畢宿從位降甲寅。（畢宿入大畜九二甲寅上）

昂按太白西方金星入土宮。畢宿度數起於西方酉金之位。而止於西南方申金之位。皆與內卦乾金相比。畢主弋獵。（見史記天官書）九三良馬逐。即畢宿象。

九二大夫應世。應六五為至尊。陰陽相應。以柔居尊。為畜之主。

昂按應世之應字當作臨。大畜為艮宮二世卦。世當二爻大夫之位。應五爻至尊。四五兩陰為畜之主。而五尤貴。九二寅木應六五子水相生。惟二五未易位時皆失正耳。

分氣候二十八。極陰陽之數定吉凶之兆山下有乾。金土相資。陽進陰止。積雨潤下。畜道光也。乾象內進。君道行也。吉凶升降。陰陽得位。二氣相應。陽上薄陰。陰道凝結。上於陽長爲雨反下。九居高位。極於畜道。反陽爲陰。入于兌象。六三應上九。上有陽九。反應六三。成于損道。次降損卦。乾入兌九三之變六二

昂按注文九二之變六二。當作九三變之六三。分氣候二十八。當作三十六。建始壬辰陽剛。六辰中歷十二節。積算丁酉入次爻甲寅。其數陽盈。雨本小畜上九之象。大畜二五如易位。二三四亦互坎。未變成互坎時。二三四互兌澤半坎。亦有雨象。五動而上再變之正。外卦成坎。故有積雨潤下之象。京氏所謂陰陽得位二氣相應者。祇初九六四兩爻得正相應。足以當之耳。三居內卦之極。陽動爲陰。變乾成兌。入三世損卦。六三上九。應亦失正。

䷨兌下艮上損。澤在山下。卑險於山。山高處上。損澤益山。成高之義。在於六三。在臣之道。奉君立誠。易云。損下益上。乾九三變六三陰柔益上九臣奉君之義與兌爲飛伏。丁丑土丙申金

昂按京氏言成高之義。在於六三。蓋以泰三之上成損也。虞氏以泰初推遷之上成損。損極下之爻以益極上之爻。義理自精。兌金艮土相生。內外配丁丙火象。初爻丁巳父母。次爻丁卯上爻丙寅皆官鬼。三爻丁丑四爻丙戌皆兄弟。五爻丙子財祿。五行缺金。而內卦有兌金。世位伏艮卦申金

●建候有申酉兩金。降入世位有金宿。兌在內卦。與為飛伏。注文丁丑土。指損卦六三爻。損三即兌三。內中金。指艮卦九三爻。艮三丙申子孫。適伏損三丁丑而當其缺也。世位土中伏金。與卦體兌金艮土同行。

三公居世。宗廟。六三上九

昂按宗廟上脫應字。損列艮宮三世。六三當世位。三公丑土。應上爻宗廟寅木。陰陽皆失正。

建始癸巳至戊戌。小滿寒露

昂按建始六二爻。起自癸巳。後二世大畜壬辰一辰。當四月中小滿。戊戌當九月節寒露。方伯兌卦九二當之。損卦下兌建候與坎宮明夷卦同。

積算起戊戌至丁酉。周而復始。土火入官起積算

昂按注文官當作宮。積算二世大畜自丁酉起。損三世。積算迴環至丁酉一周。亦同明夷卦。戊土酉金。與內卦兌金外卦艮土及飛伏土金皆相合。注言土火。謂建始巳火至戊土也。

五星從位起太陰。太陰水星入卦用事觜宿從位降丁丑。二十八宿配觜宿入損卦六爻三起算歲月日時

昂按注文三字當置六字下。太陰北方水星入土宮與內卦兌澤半坎水象及六五子水相合。觜宿列西南方申金之位。入第三爻丁丑土。土生金也。

土星入卦配吉凶。陰陽相盪。位不居土金入損卦起算陰陽相生六世變動不居也六爻有吉凶。四時變更。不可執一以爲規。六爻吉凶隨時更變或春或夏或秋或冬歲時運動分氣候二十八。二十起數算吉凶八卦陰陽升降。次艮入離。見睽之象。損益六爻。剛長陰。次入火澤睽卦。

昂按星當作金。位字上脫六字。剛長陰下脫消字。注文二十兩字下脫八字。八卦之八字當作入。

土金入卦配吉凶。指積算起戊土至酉金也。建始由春至秋。六辰中歷十節。積算戊戌入六三世位丁丑。丑戌皆土。合土宮。氣候二十八。虛數也。節四爻陰變入陽。艮動成離。爲四世睽卦。

䷥ 兌下離上 睽。火澤二象。氣運一作轉非合。陰消陽長。取象何比。惟陽是從。陰陽動靜。剛柔分焉。

先睽後合。其消通也。文明上照。幽暗分矣。兌處下爲積陰暗之象也離在上爲明照于下易云。見豕負塗。載鬼一車。先張之弧。後說之弧。遇雨則吉。羣疑亡也。先疑暗也後說明也與離爲飛伏。己酉金內戊土

昂按原文卦象下兌誤畫作震。今正。其消通也。消當作道。睽卦初爻以外。陰陽皆舛迕失正。失正則睽。變之正則合。丁巳納內外象。初爻丁巳上爻己巳皆父母。次爻丁卯官鬼。三爻丁丑五爻己未皆兄弟。四爻己酉子孫。初上兩爻巳火。與外卦離火合。四爻酉金與內卦兌金合。五行缺水。而建候有亥水也。離在外卦。與爲飛伏。離卦四爻己酉財祿。伏睽卦四爻子孫之中。就本宮艮卦推其所闕。五爻丙子財祿。伏睽卦五爻己未之中。注文己酉金。指睽卦九四爻。丙戌土。指艮

宮六四爻。以九四世位酉金子孫中伏有艮四丙戌兄弟也。

諸侯立九四爲世。初元世爲應。

昂按元世當作元士。睽爲艮宮四世卦。世位當四爻。例應初爻元士。而諸侯失正。九四酉金受剋於初爻巳火。酉金應巳火。與卦體兌金離火相合。

建始甲午至己亥。芒種小雪

昂按建始九四爻。起自甲午。後二世損卦癸巳一辰。當五月節芒種。己亥當十月中小雪。由甲午經乙未丙申丁酉戊戌迄己亥。卦象內兌外離。甲午五月中夏至。丁酉八月節白露。皆方伯離卦當之。八月中秋分至己亥十月中小雪。皆方伯兌卦當之。

積算起己亥至戊戌。水土入卦

昂按積算二世損卦自戊戌起。睽四世。積算迴環至戊戌一周。起己亥至戊戌。即由十月循環至九月。戊巳皆土。與外卦配己土相合。建月亥水剋午火。積算戌土剋亥水。皆睽而未合之象。

五星從位起歲星。歲木星入卦參宿從位降己酉。二十八宿配參宿入卦己酉土

昂按注文土當作上。歲星東方木象入土宮。與次爻卯木相比。參宿列西南方中位。殿金宿之末。與第四爻世位酉金相合。上九弧象。即參伐之象。

分氣候三十六。起數積算金火二運合土宮。配吉凶於歲時。六五陰柔處文明。九二四得立權臣。陰陽相盪。六位迭遷。變離入乾。健於外象。坎入履。陰陽推遷變化六爻吉凶之兆著于要之爻如臣事君近多憂也次降入天澤履卦。

昂按坎入履。坎當作次。與下文次降入天澤履卦。語意相複。依賁損兩卦之例。當作成於履。建始甲午陽剛。六辰中歷十二節。積算己亥入九四世位己酉。金水相生。氣候三十六。盈數也。內卦兌金。外卦離火。合本宮艮土。六爻配五行。除次爻卯木與木星相比外。有重火重土一金。與內外卦象及艮宮皆相比。六五陰柔居陽剛之位。中而不正。九二例當應五。九四逼近六五尊位。而皆以陽居陰位。有權臣之象。六五陰動入陽。離變成乾。爲五世履卦。

☱☰ 兌下乾上 天下有澤曰履。履者禮也得位吉。失位凶。當履之時素尚吉。易云。視履考祥。其旋元吉。與乾爲飛伏。壬申金內子水六內屬八卦。艮六內也

昂按天下有澤曰履句上脫履字一頓。履初得位。四宜變之正而後能應。三上失正。宜易位而後能應。故初爻之无咎在素。上爻之元吉在旋也。乾兌皆金。內外配丁壬二象。初爻丁巳四爻壬午皆父母。次爻丁卯官鬼。三爻丁丑上爻壬戌皆兄弟。五爻壬申子孫。申金與卦體乾兌金象相合。五行缺水。而世位有伏水。建候有亥子兩水。乾在外卦。與乾爲飛伏。注文壬申金。指履卦九五爻。履五即乾五。內子水。指艮宮六五爻。艮於八卦中內外象天干皆納丙。艮五丙子財祿。適伏履

五壬申子孫之中。以彌其缺。

九五得位爲世身。九二大夫合應象。

昂按履爲艮宮五世卦。九五至尊當世位。應九二大夫。而二失正。卯木不免見剋於九五申金耳。

建始乙未至庚子。大暑大雪

昂按本宮艮卦建候至乙未止。履卦卽自乙未建起。後四世睽卦甲午一辰。建始九五世位。乙未當六月中大暑。庚子當十一月節大雪。由乙未經丙申丁酉戊戌己亥迄庚子六辰。

積算起庚子至乙亥。金水入卦配六位算吉凶

昂按乙當作己。積算四世睽卦自己亥起。履五世。積算卽迴至己亥。起庚子大雪。至己亥小雪。周而復始。子亥皆水。與卦體乾兌兩金相生。

五星從位起熒惑。熒惑火星入卦井宿從位降壬申。二十八宿入卦井宿入壬申

昂按熒惑南方火星入土宮。井宿度數起於西南方申金之位。而列南方火宿之首。與二三四互離火及初四兩爻重火相比。降第五爻世位壬申。以火入金。有相剋之象。井主水衡。爲法令所取平。開元占經黃帝占云東井主水用法淸平如水九二履道坦坦。卽井宿平衡之象。

分氣候金火入卦。起於極數二十八。二十八數起丙辰推吉凶陽多陰少。宗少爲貴。得其所履則貴。失其所履則

賤。易云。眇能視。跛能履。（此履非其位大三也）吉凶取此文爲準。六位推遷。積欠起算數。休王相破。資益可定吉凶也。升降反位。歸復止於六四。入陰爲游魂中孚卦。（次入中孚卦）

昂按注文大三之大字當作六。建始乙未陰柔。六辰中歷十節。積算庚子入九五世位壬申。爲金水入卦。熒惑火星入世爻申金。爲金火入卦。初四兩爻己午皆火與五爻申金。亦金火入卦。極數二十八。注言起內辰推吉凶者。從本宮艮卦初六爻內辰土。推至六五變成履卦九五世位壬申金。以起算也。履六三雖不得位。失其所履。而以此一陰爲主。卦候值夏令大暑。火土王（同旺）而金水休。（休即不王）至冬分大寒。則水木王而火土休。六爻中五行缺水。利於建始。第四爻陽復爲陰。變乾成巽。游魂爲中孚。

䷼（兌下巽上）中孚。陰陽變動。六位周帀。反及游魂之卦。（金木合土運入卦象）互體見民。止於信義。（中孚信也）與乾爲飛伏。（辛未土 壬午火）

昂按民當作艮。艮宮之魂游歸在巽。中孚游魂。巽在外卦。歸魂漸卦亦然。中孚內卦兌金。外卦巽木。合本宮艮土。二三四互震動。三四五互艮止。信陽而義陰。丁辛配內外象。初爻丁巳五爻辛巳皆父母。次爻丁卯上爻辛卯皆官鬼。三爻丁丑四爻辛未皆兄弟。卦由五世履魂返四。故飛伏在乾。與履卦同。注文辛未土。指中孚六四爻。壬午火。指乾卦九四爻。土中伏火。此就世位而言。與乾宮四世觀卦同例。就本宮艮卦推之。三爻丙申子孫。五爻丙子財祿。伏中孚三五兩爻之中。五行雖缺水與金。而內卦有兌金。建始有子水。

艮道革變升降。各稟正性。六四諸侯立世。應初九元士。九五履信。九二反應。氣候相合。內外相敵。陰勝陽陽勝陰剛柔相薄六爻反應柔順相合吉凶見矣

昂按游魂當第四爻。世爲諸侯。與初九元士相應。陰陽皆得其正。未土應巳火相生。與飛伏土火同行。中孚冠卦氣。方伯坎卦初六當之。外卦巽象九五卽坎陽。上變之正。則外象成坎。陽實爲孚。故云。九五履信。中孚由履四之魂來復也。九二應而失正。與三易位則相合。

建始庚子至乙巳。大雪 小滿

昂按五世履卦建候至庚子止。中孚由履四變成游魂。建候始自六四。後履卦五辰爲庚子。當十一月節大雪。兌在內卦。大雪節卽方伯兌卦上六當之。迄於乙巳。當四月中小滿。由庚子歷辛丑壬寅癸卯甲辰迄乙巳六辰。

積算起乙巳至甲辰。周而復始。火土入卦起積算

昂按積算起乙巳。迴環至甲辰。由小滿迄立夏一周。甲乙皆木。與外卦巽木相比。巳火辰土積算。與六爻中所配兩重巳火及丑未兩土相比。且與飛伏世應土火皆同行也。

五星從位起鎭星。鎭星土星鬼宿從位降辛未。二十八宿配鬼宿入卦推吉凶

昴按鎭星土象入土宮。與六二丑土六四世位未土及本宮艮土相合。鬼宿列西南方未土之位。而爲南方火宿之一。入六四世爻辛未土。火生土也。土星火星。與飛伏世應積算土火皆同行。六四月幾望。馬匹亡。與鬼宿之象相合。開元占經南宮候曰輿鬼天目也又曰其物馬牛羊虎也

分氣候三十六。配卦算吉凶之位風與澤二氣相合。巽而說。信及於物。物亦一作必順焉。易云。信及豚魚。豚魚幽微之物信尚及之何況於人乎兌入艮。六三入陽。內二陽歸陰。陰陽交互。復本曰歸魂。次降歸魂風山漸卦。內見艮

昴按中孚爲冬至陽生之卦。建始庚子陽剛。歷六辰十二節。積算乙巳入六四世位辛未。火土相生。氣候三十六。其數陽盈。兌說同巽順。皆本諸坤陰。信及豚魚。信本諸坎卦之乾陽。豚魚說詳拙著周易虞氏學六三陽復。內卦從之。成歸魂漸卦。

☶☴艮下巽上漸。陰陽升降。復本曰歸魂之象。巽下見艮。陰長陽消。柔道將進。艮變八卦終於漸漸終降純陰入坤分長女三陰之兆也柔道行也與兌爲飛伏。內中金丁丑上

昴按中孚內兌變入艮宮本位而爲歸魂。京氏言陰長陽消。分指內艮外巽兩象耳。至就全卦消息言之。漸由否卦坤三之乾四。否將反泰。爲陽長陰消之象。內卦返艮。由游魂中孚內兌變來。故與

兌爲飛伏。同於本宮艮卦。內外配丙辛二象。初爻丙辰四爻辛未皆兄弟。二爻丙午五爻辛巳皆父母。三爻丙申子孫。上爻辛卯官鬼。初四兩爻重土。與內卦艮土合。上爻卯木與外卦巽木合。五行缺水。而建始亥水。兼有子水。注文丙申金。指漸卦九三爻。丁丑土。原注土誤作上指兌卦六三爻。世位金中伏土。與兌宮三世咸卦同例。就本宮艮卦推之。五爻丙子財祿。伏漸卦五爻辛巳之中。

九三三公居世。宗廟爲應。

昂按歸魂卦世當三爻。九三三公得位。上九宗廟相應失正。卯木見剋於九三申金。

建始己亥至甲辰。小雪清明

昂按游魂中孚建始庚子。漸歸魂先一辰建候始自九三。己亥當十月中小雪。至甲辰當三月節清明。由己亥受氣。歷庚子辛丑壬寅癸卯至甲辰成體。

積算起甲辰至癸卯。周而復始。上木見運入卦算吉凶

昂按注文上字當作土。游魂中孚積算迴轉至甲辰。漸歸魂建算即自甲辰起。至癸卯一周。由清明迴轉至春分。辰土卯木。與卦體艮土巽木相比。

五星從位起太白。太白西方之卦定吉凶柳宿從位降丙申。二十八宿柳宿入卦定吉凶

昂按太白西方金星入土宮。與第三爻世位申金相比。柳宿度數起於西南方未土。而止於午火之位

。爲南方朱鳥離火七宿之一。與初四兩爻重土二五兩爻重火相比。柳宿主尙食。開元占經石氏說六二飲食衎衎。卽柳宿之象。柳又主草木。史記天官書六四鴻漸於木。或得其桷。木與桷皆柳象。柳又有禽獸之象。開元占經南宮候曰柳其物羊豕六爻鴻象。可由柳之獸象推之也。

分氣候二十八。定數配吉凶入卦起算上木下土。風入艮象。漸退之象也。互體見離。主中文明。九五傳位。得進道明也。九五處互體卦之上進文明也六二陰柔得位。應至尊。易云。鴻漸于磐。飲食衎衎。賢人進位也陰陽升降。八卦將盡。六十八爻。陰陽相雜。順道進退。次于時也。少男之位。分於八卦。終極陽道也。陽極則陰生。柔道進也。降入坤宮八卦。陽卦三十二宮爲陽乾震坎艮也

昂按于當作于。六十八當作四十八。建始己亥至甲辰。曆節氣凡十。積算甲辰入九三世位丙申。金土相生。氣候二十八。虛數也。三四五互離。卽柳宿所止之位。二三四亦互坎。六爻得位相應者。惟二五兩爻。內艮陽終則消。外巽陰長陽消。消至剝盡。則成坤宮。就漸卦降入坤卦推之。三五上陽變爲陰。卽入坤卦。

京氏易傳箋卷二

南通徐　昂著

䷁坤下坤上　坤。純陰用事。象配地。屬土。柔道光也。陰凝感。與乾相納。臣奉君也。易云。黃裳元吉。六二內卦陰處中。臣道正也。與乾爲飛伏。癸酉金壬戌土

昂按坤純土用事。六二中正。爲卦之主。應在第五爻。而六五失正。陰居陽位。黃裳之象。動乃元吉。坤凝乾元。故乾坤互爲飛伏。乾飛坤伏。坤飛乾伏。變化見矣。內外納乙癸二象。初爻乙未四爻癸丑皆兄弟。次爻乙巳父母。三爻乙卯官鬼。五爻癸亥財祿。上爻癸酉子孫。初四兩爻重土與卦體坤土合。注文癸酉金。指坤卦上六爻。壬戌土。指乾卦上六爻。坤土上爻酉金。伏有乾金上爻戌土也。

宗廟居世。三公爲應。未免龍戰之災。無成有終。陰成陽君臣不敢爲物之始陽唱陰和君命臣終其事也

昂按世位當上爻宗廟。應在三公。而六三卯木。以陰位陽。不能得正。受上六酉金之剋制。卯酉相衝。剝盡乾萠。龍戰爲乾陽出震成復之兆。

初六起履霜。至於堅冰。陰雖柔順。氣亦堅剛。爲無邪氣也。建始甲午至己亥。芒種小滿

昂按注文小滿當作小雪。坤爻辰避與乾子相衝。由午退未。故初爻從未起。建始仍從午起。迴至

初爻乙未。建候與納爻干支適相符也。建始甲午。後乾卦甲子三十辰。乾坤建始。天干皆在甲也。坤陰胎於芒種。夏至一陰生。起於五月午。盡於十月亥。從世位上六爻肇始甲午。受氣當五月節芒種。至己亥成正象爲辟卦。當十月中小雪。與艮宮睽卦同例。建始由芒種而夏至。從世位上六爻起算。小暑大暑當初六。立秋處暑當六二。白露秋分當六三。寒露霜降當六四。立冬小雪當六五。上六夏至。陰氣已生。陽消陰息。故寒往而暑來。初爻値暑。而應六四之霜降。故有履霜之象。至十一月大雪冬至。乾象堅冰。一陽生矣。

積算起己亥至戊戌。周而復始。純土用事入積算定吉凶

昴按積算戊己皆土。戊亦土象。與坤卦純土相比。起己亥至戊戌。由十月迴轉至九月一周。亦與睽卦同例。

五星從位起太陰。太陰水星入卦西南方之卦。鎮星八卦配坤西南星宿從位降癸酉金。二十八宿八卦星宿降坤上六癸酉金

昴按注文鎮當作水。八卦之八字當作入。太陰北方水星入土宮，與五爻亥水相比，坤位西南方未土中金之位。星宿位列南方午火正中。降上六爻世位酉金。火生土。土生金。金生水也。水星火宿。與建候午火亥水同行。

分氣候三十六。起積爲數三十六陰中有陽。氣積萬象。故曰陰中陰。陰陽二氣。天地相接。人事吉凶。見

乎其象。六位適變。八卦分焉。六位變動八卦顯著陰雖虛。納于陽位稱實。六五六三之類也升降反復。不能久處。千變萬化。故稱乎易。易者變也。陰極則陽來。陰消則陽長。衰則退。盛則戰。易云。上六龍戰于野。其血玄黃。陽闘。乾配西北積陰之地陰盛故戰乾坤併處天地之氣雜稱玄黃也陽盪陰。坤內卦初六適變入陽曰震。陰盛陽微。漸來之義。故稱復。次降陽入地雷復卦。

昂按坤雖陰虛。而消息通於陽盈。天干納乙。與乾甲對象。而坤之建始。天干亦與乾卦同甲。以甲配午。干支陽剛。歷六辰十二節。與乾卦同爲盈數。故氣候分數亦三十有六。積算己亥入上六世位癸酉。金水相生。亦所以起數也。陰虛陽實。一三五皆以陰居陽。爻虛而位實。不得其位。變動貞吉。乾道資始。坤道資生。二氣變通。乃成萬物。乾陽極於夬。則坤陰入巽初而爲姤。坤陰極於剝。則乾陽出震初而爲復。消長進退。循環不息。乾居西北戌土亥水之方。其地積陰。以陽處陰。必起戰爭。陰專則敗。故陽長而出震。震爲元黃。初爻陰變入陽。成震爲一世復卦。復陽雖微小。而乾由是成。

䷗ 震下坤上復 陰極則反。陽道行一作正也。易云。君子道長。小人道消。又曰。七日來復。七日陽之稱也七九稱陽之數也謂坤上六陰極陽戰之地陰雖不能勝陽然正當盛陽不可輕犯六陽涉六陰反下七爻在初故稱七日日亦陽也六爻反復之稱。註任前易云。初九不遠復。元祇悔。反至初九陽來陰復去違也六爻盛卦之體總稱也。月一陽爲一卦之主。與震爲飛伏。庚子水乙未土昂按月字衍文。坤宮一世復卦與乾宮一世姤卦相對。消息旁通。陸氏釋七日來復。與虞翻言消乾六爻爲六日。剛來反初。故七日來復。其說相同。初陽出震爲卦主。故與震爲飛伏。內外納庚癸二象。初爻庚子五爻癸亥皆財祿。次爻庚寅官鬼。三爻庚辰四爻癸丑皆兄弟。上爻癸酉子孫。次爻寅木與內卦震木合。三四兩爻重土與外卦坤土合。五行缺火。建候亦然。而降入世位有火宿也。缺火即缺父母。震卦初爻庚子父母。伏復卦內震初爻庚子財祿之中。注文庚子水。指復卦初九爻。復初即震初。乙未土。指坤卦初六爻。水中伏土。此就世位言飛伏也。以所缺親屬就本宮推之。坤卦六二乙巳父母。伏復卦六二庚寅官鬼之中。

初九元士之世。六四諸侯見應。

昂按世位當初九元士。與六四諸侯相應。陰陽皆得正。庚子水應癸丑土。雖相剋制。而丑與子合。水土與世位飛水伏土相協。

建始乙未至庚子。大暑大雪見候起坤六月至十一月戊子爲正朔見復之兆

昂按注文戊當作庚。建始初九爻起。始自乙未。後本宮坤卦甲午一辰。當六月中大暑。遯陰方長。至於庚子。干支與初九世位納辰相同。庚子當十一月節大雪。復體以成。未土子水。與飛伏世應水土皆相協。地支未子。與飛伏子未亦同。

積算起庚子至己亥。積算起庚子至己亥十月至十一月年亦然周而復始。土水見候。

昂按復卦列辟卦之首。次於卦氣肇始中孚之後。中孚建月自庚子始。復卦積算自庚子始也。積算起庚子入初九庚子。干支相符。本宮坤卦積算從己亥起。復卦積算卽迴至己亥一周。注云。「積算起庚子至己亥。十月至十一月。年亦然。」按當云十一月至十月。此就子至亥十二支一轉而言。謂年亦然者。祇十二歲一紀耳。冠以天干。言庚子巳亥。則周轉經六十月。以年計之。歷六十年。建月積算干支與艮宮履卦相同。

五星從位起歲星。歲星木星入復卦合水土配吉凶張宿從位降庚子。二十八宿分張宿入復卦庚子水上

昂按歲星東方木象入土宮。與內卦震木次爻寅木相比。張宿度數起於南方午火。而止於東南方巳火。火由木生。降初九世位庚子。午火胎於子水也。

分氣候二十八。積算起數二十八定吉凶六爻坤上震下。動而順。是陽來盪陰。陰柔反去。剛陽復位。君子進。小人退。易云。休復元吉。陽升陰降。變六二入兌象。次併臨。二陽將進內爲悅。陰去陽來氣漸隆。陰不敢拒陽奉命而已火之入地澤臨卦。

昂按火之二字衍文。復爲陽盈之卦。惟初陽至微。尚未壯盛。建始乙未陰柔。節當遯月。正坤陰滋長之時。經歷十節。氣候未足。故分數二十有八。積算庚子水入初九世位庚子水。其數陰虛。

復初震動於下。陽息成兌。為二世臨卦。

☷☱ 兌下坤上 臨。陽長陰消。悅而順。金土應候。剛柔分。震入兌。二陽剛。本體陰柔降入臨。臨者天也。陽爻健順。陽交退散。易曰。君子之道。易云。至于八月凶。建丑至未也 陽長。六爻反復。吉凶之道可見矣。至于八月入遯與兌為飛伏。丁卯木 乙巳火

昂按坤宮二世臨卦。與乾宮二世遯卦消息旁通。內卦兌金。外卦坤土相生。與建月申金丑土相比。故金土應候。臨二陽剛由復二陰柔變成。陽進陰退。復初陽微。臨陽浸大。泰乾將成。故序卦傳云。臨者大也。原文大作天。臨彖傳云。大亨以正。天之道也。以天釋臨亦通。惟序卦所說為長。初爻陽息為復卦。十一月建子。次爻息兌成臨。十二月建丑。由是而三息正月寅為泰。四息二月卯為大壯。五息三月辰為夬。上息四月巳。陽極為乾。五月午陰生巽初為姤。次爻陰長至六月未為遯。臨九二為坤二世。遯六二為乾二世。至於八月有凶。正當遯卦。臨丑遯未相衝。故有凶。注云。建丑至未也。蓋從臨卦所建之月計起。連及復卦之子為八月也。丁癸納內外象。初爻丁巳父母。次爻丁卯官鬼。三爻丁丑四爻癸丑皆兄弟。五爻癸亥財祿。上爻癸酉子孫。三四兩爻丑土與外卦坤土合。上爻酉金與內卦兌金合。兌在內卦。故與兌為飛伏。注文丁卯木。指臨卦九二爻。乙巳火。指本宮坤卦六二爻。本中伏火也。臨二即兌二。

九二大夫立世。六五至尊應上位

昂按臨爲坤宮二世卦。世位九二大夫值丁卯。應六五至尊癸亥。水與木雖相生。而陰陽皆失位。易位相應。乃有功。

建始丙申至辛丑。立秋大寒七月積氣至六月。吉凶隨爻考汙隆。旺則隆衰則汙

昂按建候九二爻起。始自丙申。後一世復卦乙未一辰。當七月節立秋。否卦將成。至辛丑。値初九成體。當十二月中大寒爲辟卦。由丙申歷丁酉戊戌己亥庚子至辛丑。卽由否而觀而剝而坤。陰極陽生爲復。上息成臨。建至丁酉秋分至庚子大雪。皆方伯兌卦當之。丁酉秋分。在卦氣中交兌卦初九。在臨卦六爻建月中。則當內兌六三也。七月受氣。至十二月而成體。至六月而卦體全消。反復成遯。盛衰見矣。申金丑土。與卦體兌金坤土相合。

積算起辛丑至庚子。積算起金土入卦推休咎于六爻

昂按積算一世復卦從庚子起。臨二世卽迴至庚子。起算始辛丑。庚辛皆金。丑土生金。與卦體兌金坤土相合。

五星從位起熒惑。熒惑火星入卦用事翼宿從位在丁卯。二十八宿翼宿入卦九二爻木上

昂按熒惑南方火星入土宮。與初爻巳火相比。翼宿當東南方巳火之位。宿與星皆火。入九二爻丁

卯木。與九二所伏本宮坤卦六二乙巳火相比。

分氣候三十六。定陰陽之數起子三十六積算坤下見兌悅澤。臨陽升陰降。入三陽。乾象入坤。即泰卦。臨卦內象先陽長逼陰成乾爲泰象外坤積陰。內兌亦爲陰。二陽合體。柔順之道不可貞。吉凶以時配於六位。用於陽長之爻。成臨之義。六三將變陽爻。至次降入泰卦。次入地天泰卦

昂按注文地天當作天地。臨爲陽長之卦。建始內中陽剛。歷六辰十二節。積算辛丑入九二世位丁卯。氣候三十有六。其數陽盈。兌爲坤少女。內外兩卦皆陰體。而初二兩陽爲卦主。重陽長不重陰積。故取以陽莅陰謂之臨。視陰柔與陽剛二者貞正與否。吉凶可見矣。內卦兌三。陰變入陽成乾。爲三世泰卦。

䷊乾下坤上泰。乾坤二象。合爲一運。天入地交泰。萬物生焉。小往大來。陽長陰危。金土二氣交合。易云。泰者通也。通於天地。長於品彙。陽氣內進。陰氣升降。升降之道。成於泰象。與乾爲飛伏。甲辰土乙卯木

昂按陰氣升降一句升降當作上升。坤宮三世泰卦。與乾宮三世否卦消息旁通。泰否皆金土二氣交合。內外殊位。陰陽之升降不同。臨陽息至三。而君子之道長矣。乾金坤土相生。內外配甲癸二象。初爻甲子五爻癸亥皆財祿。次爻甲寅官鬼。三爻甲辰四爻癸丑皆兄弟。上爻癸酉子孫。三四

爾爻重土。與外卦坤土合。上爻酉金與內卦乾金合。五行缺火。建候亦然。惟有火宿降世爻也。與乾爲飛伏。乾卦九三甲辰父母。伏泰卦內乾九三甲辰兄弟之中。就本宮坤卦推之。次爻乙巳父母　伏泰卦次爻甲寅官鬼之中。注文甲辰土。指泰卦九三爻。乙卯木。指坤宮六三爻。就世位飛伏而言。土中伏木。泰三即乾三也。

三公立九三爲世。上六宗廟爲應。

昂按三爻三公値世。應上爻宗廟。陰陽皆得正。九三甲辰土應上六癸酉金。酉與辰合。土金與卦體乾金坤土同行。

候建始丁酉至壬寅。（秋分立春）

昂按建候九三爻起。始自丁酉。後二世臨卦內申一辰。丁酉當八月中秋分。觀卦主辟。歷戊戌己亥庚子辛丑迄於壬寅成體。當正月節立春。由觀而剝。陰極陽生。由復而臨。以至於泰。

積算起壬寅至辛丑。周而復始。（金土位上起積算吉凶）

昂按積算二世臨卦從辛丑起。泰三世。迴至辛丑。壬寅迴環至辛丑一周。寅木丑土。與飛伏土木同行。

五星從位起鎭星。（土星入卦）軫宿從位降甲辰。

昂按鎮星土象入土宮。與第三爻世位辰土相比。軫宿度數起於東南方巳火。止於辰土。殿南方火宿之末。降第三爻甲辰。與其所止之辰土相合。

分氣候二十八。積算起二十八數於甲辰位地下有天。陽道浸長不可極。極則否成。三陽務上坤順而往往而不已否道至存泰之義。在於六五。陰居陽位。能順於陽。陰陽相納。二氣相感。終於泰道。外卦純陰。陽來剛柔成于震象。降陽升。居乾上成大壯。次降陰升陽入雷天大壯卦

昂按「降陽升」上脫陰字。泰雖爲陽長之卦。而建始丁酉陰柔。正觀卦陰盛之時。歷六辰十節。積算壬寅入九三世位甲辰。其數陰虛。故氣候分數二十有八。乾陽由泰而大壯而夬。至於終乾。陽剛亢極。陰從下生爲姤。由姤而遯而否。泰極則否。否極則泰。循環不已。卦爻以五爲尊。泰雖優於否。而泰之六五失正。不及否之九五得正也。陽長至四。坤變入震。成四世大壯卦。

䷡乾下震上大壯。內外二象動而健。陽勝陰而爲壯。內陽升降二象俱陽曰大壯易曰。羝羊觸藩。羸其角。進退難也。壯不可極。極則敗。物不可極。極則反。故曰。君子用罔。小人用壯。與震爲飛伏。庚午火癸丑土

昂按坤宮四世大壯。與乾宮四世觀卦消息相通。乾陽過泰爲壯。再進則決於夬。而姤陰將至。故不可極也。天干甲庚配內外象。初爻甲子財祿。次爻甲寅官鬼。三爻甲辰上爻庚戌皆兄弟。四爻庚午父母。五爻庚申福德。次爻寅木與外卦震木合。五爻申金與內卦乾金合。內外地支配子寅辰

午申戌。與乾卦地支相同。內震卦地支同乾。故內乾外震成卦。地支相同也。震居外卦。故與震爲飛伏。就本宮坤卦推之。土伏於水中。注文庚午火。指大壯九四爻。癸丑土。指坤卦六四爻。

大壯四卽震四。

九四諸侯之世。初九元士在應。

昂按大壯列坤宮第四世。九四爲世。諸侯當之。應初九元士。而九四午火不得正。初九子水相剋。子午相衝。

建始戊戌至癸卯。寒露至春分

昂按建始九四爻。起自戊戌。後三世泰卦丁酉一辰。受氣當九月節寒露。歷六五己亥。上六庚子。初九辛丑。九二壬寅。至九三癸卯。當二月中春分。方伯震卦初九當之。大壯上震由剝受氣。歷坤極而陽長爲復。由是而臨而泰。皆在積氣之中。至大壯成正象爲辟卦。

積算起癸卯至壬寅。土未入卦起積算

昂按注文未當作木。積算三世泰卦自壬寅起。大壯四世。迴環至壬寅一周。壬癸皆水。寅卯皆木。建始戊土。土木入卦。與六爻中寅木及辰戌兩土相比。

五星從位起太白。太白金星入卦角宿從位降庚午。二十八宿入卦配角宿入大壯庚午九四爻上昂按太白西方金星入七宮。與內卦乾金五爻申金相合。角宿當東南方辰土之位。爲東方木宿蒼龍之首。與外卦震木相合。降九四爻世位庚午。木生火。火生土。土生金也。九三羝羊觸藩、羸其角。卽取角宿之象。角本龍角。開元占經郄萌曰角爲龍角內卦乾三。乾本龍象。三與四五互兌爲羊。故取羊角之象。

分氣候三十六。積算起數庚午火定吉凶需在天上。健而動。陽升陰降。陽來盪陰。吉凶隨爻。著于四時。九四庚午火之位。入坤爲卦之本。起于子。滅于寅。陰陽進退。六位不居。周流六虛。外象震入兌。爲陰悅適。爻爲剛長。次降入夬。陽決陰之象。入澤天夬卦。

昂按大壯本陽盛之卦。建始戊戌陽剛。歷六辰十二節。氣候三十有六。積算癸卯入九四世位庚午。木火相生、注云。積算起數庚午火。庚午納辰當第四爻世位。癸卯建候當第三爻。終而復始也。起數大壯。由泰息成。九四午火入丑土。卽成坤爲泰。起於子。謂復初陽生也。滅於寅。謂泰乾消陰也。四陽上息至五。震變入兌。陽決去陰。成五世夬卦。

䷪乾下兌上夬。剛決柔。陰道滅。五陽務下。一陰危上。將反游魂。九四悔也。澤上於天。君道行也。夬五世六位周而復始爲游。魂至九四成陰入坎爲需與兌爲飛伏。丁酉金癸亥水

昂按坤宮五世夬卦。與乾宮五世剝卦通消息。夬以五陽決一陰。九四陽剛失位。陰反於四、游魂

得正。悔乃亡也。乾兌皆金。內外配甲丁二象。初爻甲子四爻丁亥皆財祿。次爻甲寅官鬼。三爻甲辰上爻丁未皆兄弟。五爻丁酉子孫。酉金與卦體乾兌金合。五行缺火。建候亦然。兌在外卦。故與兌爲飛伏。兌卦上爻丁未父母。伏夬卦外兌上爻丁未兄弟之中。就本宮坤卦推之。次爻乙巳父母。伏夬卦次爻甲寅官鬼之中。注文丁酉金。指夬卦九五爻。癸亥水。指坤宮六五爻。金中伏水。此就世位推本宮所當之爻。夬五卽兌五也。

九五立世。九二大夫爲應。（九五在兌象爲世澤小於天也）

昂按夬列坤宮第五世。外卦兌陰雖小。而九五世當至尊。中正得位。內卦乾陽雖大。而九二大夫寅木失位。不免爲九五酉金所剋制也。

建始己亥至甲辰。（小雪清明）

昂按本宮坤卦建候至己亥止。夬卦五世。建候九五爻。卽自己亥起。後四世大壯戊戌一辰。當十月中小雪。方伯兌卦九五當之。（在節氣中兌卦處方伯之位九五當小雪在坤宮夬卦建候中則外卦九五世位之上一爻當小雪）迴至上六庚子。初九辛丑。九二壬寅。九三癸卯。積氣至九四甲辰。成體爲辟卦。時當三月節清明。由十月交坤而復而臨而泰而大壯。以至於夬。

積算起甲辰至癸卯。周而復始。金水分乾兌入坤象。（入坤宮起積算）

昂按積算四世大壯自癸卯起。夬五世積算即迴至癸卯。從建候終結之甲辰起算。干支與九三相同。建候積算干支與艮宮歸魂漸卦同。內乾外兌皆金。入於坤土。土生金也。京氏以金木並言。指九五世位酉金與九二應爻寅木耳。

五星從位起太陰。太陰水位入卦起算亢宿從位降丁酉。二十八宿配亢宿入夫卦丁酉金上起

昂按注文夫字當作夬。太陰水星入土宮。與初四兩爻亥子重水相比。亢宿列東南方辰土之位。爲東方木宿之一。降九五爻丁酉金。土生金。金剋木也。亢宿爲天子內庭。鄭氏爻辰補家人九三注引馬庚吉云九三辰在辰上值亢四星爲天子之內庭夬揚于王庭。即亢宿之象

分氣候二十八。積算起宮二十八入卦甲辰還丁酉金上定吉凶易云。澤上於天。夬揚于王庭。柔道消。消不可極。反於游魂。九四柔來文剛。陰道存也。陰之道不可終否。剛柔相濟。日月明矣。天地定位。人事通也。凡卦陰極陽生陽極陰生生生之義不絕之貌日月循環天地交泰陰陽相盪六位交分萬物生焉故曰雷動風行。山澤氣通。人之運動。體斯合矣。人稟五常三焦九竅風火遞相兼濟以一位虧四體羸焉陰陽升降。反復道也。次降入游魂水天需卦。

昂按注文羸當作贏。夬卦陽氣寖極。姤陰將來。建始己亥陰柔。歷六辰十節。積算甲辰入九五世位丁酉。金土相生。氣候分數二十有八。其數陰虛。注言積算起宮二十八。入卦甲辰。還丁酉金上。定吉凶。蓋謂積算起甲辰。由本宮坤初推之第五爻。變入夬五世位丁酉也。柔道消不可極。

陰性亦不滅。迴至初爻入巽者。乾宮一世姤卦也。返至第四爻入坎者。本宮坤卦游魂需卦也。陰窮姤生。陽窮復生。姤生斯否來。復生斯泰來。復姤循環。泰否反覆。乾天坤地。體象關於泰否。坎月離日。消息通於復姤。此陰陽不息之道也。

☵☰乾下坎上需。雲上於天。凝於陰而待於陽。故曰需。需者待也。三陽務上。而隔於六四。路之險也。外卦坎水爲險亦陰稱血也坤之反覆。適陽入陰。夬卦九四入需卦成六四陽之位也陰陽交會運動。陰雨積而凝滯於陽。通乃合也。羣陽務上一陰報之故凝滯雨乃合與兌爲飛伏。戊申金丁亥水

昂按坤宮之魂。游歸在坎。需卦游魂。坎在外卦。歸魂比卦亦然。與坎宮游歸兩魂在坤。相資爲用。需卦由大壯來。與乾宮游魂晉卦由觀來。陰陽相對。需卦消息生於坤宮四世大壯。而就游魂成體言之。則由夬卦九四陽變爲陰。凝積成險。此與晉生於觀而游魂從剝卦變來。其例一也。乾金生坎水。內外配甲戊二象。初爻甲子上爻戊子皆財祿。次爻甲寅官鬼。三爻甲辰五爻戊戌皆兄弟。四爻戊申子孫。初上兩爻子水。與外卦坎水合。四爻申金與內卦乾金合。卦由五世夬魂返四。二三四爻互兌。故飛伏在兌。與夬卦同。注文戊申金。指需卦六四爻。丁亥水。指兌卦九四爻。就世爻取飛伏。與兌宮四世蹇卦同例。金水與卦象乾金坎水相比。就本宮坤卦推其所缺之親屬。六二乙巳父母。伏需卦九二甲寅官鬼之中。五行缺火。而建候有巳午兩火也。

游魂立世諸侯。應初九元士。

昂按游魂世位當諸侯。初九元士應六四。陰陽皆得正。戊申金應甲子水。與內卦乾金。外卦坎水。飛伏金水。皆相合也。

建始甲辰至己酉。清明秋分

昂按五世夬卦建候至甲辰止。需卦由夬四變爲游魂。建候始自六四。後夬卦五辰爲甲辰。當三月節清明。至己酉。當八月中秋分。由甲辰歷乙巳丙午丁未戊申迄己酉。甲辰與九三所納干支相同。

積算起己酉至戊申。周而復始。金土入乾坎。積算起宮定吉凶

昂按積算起己酉迴至戊申一周。戊己皆土。申酉皆金。與外卦配戊土四爻配申金相合。土金入乾金坎水。土生金。金生水也。戊申與六四所納干支相同。

五星從位起歲星。歲星木星入卦氏宿從位降戊申。二十八宿降氏宿入坤宮游魂卦六四戊申金土起積算吉凶

昂按注文氏當作氐。土當作上。歲星東方木象入土宮。與次爻寅木相比。氐宿度數由辰土止於卯木。與歲星同在木位。降六四世位戊申。卽建始所值甲辰也。爾雅天根氐也。需彖傳位乎天位。天卽氐象。

分氣候三十六。定吉凶總三十六位起算乾外見坎。健而進。險在前也。需與飲食。爭於坎也。陰陽相激。勝負有倚。反爲不速。敬終有慶。陰陽漸消。陽道行行。反復其位。不妄於陰。坎降入歸魂水地比卦。坤之歸魂也。

昂按坎降之坎字當作次。建候歷六辰十二節。建始甲辰陽剛。分數三十六。積算己酉入六四世位戊申。申酉皆金。其數陽盈。陰陽相爭。盛衰以漸。漸則不速。需由夬四變爲游魂。陰漸消陽。歸魂三復。內卦成坤。爲歸魂比卦。則陽愈消矣。原文陰陽漸消。陽道行行。似當作陰漸消陽。陽道上行。

☵☷坤下坎上比。反本復位。陰陽相定。六爻交互。一氣在也。水在地上。九五居尊。萬民服也。比卦一陽五陰少者爲貴衆之所尊者也比親於物。物亦附焉。原筮於宗。歸之於衆。諸侯列土。君上崇之。奉于宗祧。盟契無差。邦必昌矣。與乾爲飛伏。乙卯木甲辰土

昂按坤宮歸魂比卦。爲乾宮歸魂大有所從變之卦。故乾坤兩宮歸魂消息相通。比卦魂歸六三。內卦入坤宮本位。九五至尊。中正得位。上承宗廟。下列諸侯。乙戊納內外象。初爻乙未五爻戊戌皆兄弟。次爻乙巳父母。三爻乙卯官鬼。四爻戊申子孫。上爻戊子財祿。初五兩爻重土。與內卦坤土合。上爻子水與外卦坎水合。內卦返坤。由游魂需卦內乾變來。故與乾爲飛伏。同於本宮坤

卦。注文乙卯木。指比卦六三爻。甲辰土。指乾卦九三爻。世位木中伏土。與乾宮三世否卦同例。

歸魂六之。三公居世。應上六宗廟。

昂按之字當作三。歸魂世位當三公。與上爻宗廟相應。六三卯木與上六子水雖相生。而三不得正。

建始癸卯至戊申。春分立秋積算。

昂按游魂需卦建始甲辰。歸魂比卦先一辰。始自六三。建候癸卯。與原爻所納卯木相同。受氣當二月中春分。至戊申。當七月節立秋。由癸卯歷甲辰乙巳丙午丁未迄戊申成體。戊申與六四爻干支相同。積算二字下脫起戊申至丁未周而復始十字。游魂需卦積算迴轉至戊申。比歸魂積算即自戊申起。至丁未一周。即由立秋迴轉至大暑。

起熒惑。火星入卦房宿從位降乙卯。二十八宿配房宿入坤歸魂乙卯木位上

昂按起熒惑三字上脫五星從位四字。熒惑南方火星入土宮。與次爻巳火相比。房宿列東方卯木之中樞。降世位卯木。與之相比。房為天馬。開元占經石氏曰房為天馬主車駕九五王用三驅。即房宿馬象。

分氣候二十八。積算起二十八數陰道將復。以陽為主。一陽居尊。羣陰宗之。六爻交分。吉凶定矣。地道

之義。妻道同也。臣之附君。比道成也。歸魂復本。陰陽相成。萬物生也。故曰坤生三女。巽離兌分長中下。巽長女離中女兌少女以陽求陰。乾之巽爲長女。

昂按比卦消息。陽盈通於陰虛。積算戊申入六三世位乙卯。歷六辰十節。建始癸卯陰柔。氣候二十八。陰數也。比一陽居尊。而羣陰盛長於下。必有所自始。坤陰入乾初爲巽。坤宮歸魂比卦。二三上陰變爲陽。次入巽卦。與乾宮歸魂大有。二三上陽變陰。降入震卦。成相對之象。

☴巽下巽上巽。陽中積陰而巽順。本乾象陰來盪成巽巽者順也風從穴入於物。號令齊順。天地明也。內外稟於一陰。順於天。地道也。聲聞於外。遠彰柔順。陰陽升降。柔於剛也。本於堅剛。陰來又柔。東南向明。齊肅陰陽。與震爲飛伏。辛卯木庚戌土

昂按巽以陰柔順承陽剛。風穴號令皆屬巽象。居東南方辰木巳火之位。乾陽坤入初四爲巽。入二五爲離、巽位近南方離位午火。三四五互離。故有向明之象。內外象天干皆納辛金。初爻辛丑四爻辛未皆財祿。次爻辛亥父母。三爻辛酉官鬼。五爻辛巳子孫。上爻辛卯兄弟。卯木與卦體巽木合。震巽皆木象。爲復姤消息所出入。故互爲飛伏。注文辛卯木。指巽卦上九爻。庚戌土。指震卦上六爻。木中伏土。當世位也。

宗廟居世。三公在應。上九九三

昂按本宮首卦世在上爻。應在九三。宗廟與三公爲應。而上九失正。卯木受剋於九三酉金。卯酉相衝。

建始辛丑至內午。大寒芒種

昂按陽宮長男震卦。後乾父十二辰。建始內子。陰宮長女巽卦。宜後坤母十二辰。建始內午。受氣當五月節芒種。成體辛亥。與九二干支相同。當十月中小雪。

積算起內午至乙巳。周而復始。

昂按積算起辛亥至庚戌一周。庚辛皆金。與六爻天干辛金相合。原書巽宮八卦推算皆可商。

火木與二十八宿分虛宿入翼上九辛卯木土

昂按注文前脫五星從位起鎮星心宿從位降辛卯二句。注文火木與三字衍。虛當作心。翼當作巽。土當作上。鎮星土象入木宮。與初六丑土六四未土相比。心宿列東方卯木震位。巽震飛伏。降上九世位卯木。適相合也。土星木宿。與飛伏木土同行。初六象傳志疑也。志治也。九三象傳志窮也。志皆心象。開元占經石氏曰心者宣氣也

分氣候。其數三十六。分三十六數入卦起算陰氣起陽。陽順於陰。陰陽和柔。升降得位。剛柔分也。陰不可盈。晷刻傾也。初六適變。陽來陰退。健道行也。三陽務進。外陰陽也。適變於內。外未從也。次

降陰交於陽九。爲小畜卦。初六變初九也

昂按氣候分數三十有六。建始丙午陽剛。六辰中縣十二節也。巽由乾初入坤成卦。初陰復返於陽成乾。爲一世小畜卦。

☴☰ 乾下巽上 小畜。易云。密雲不雨。自我西郊。小畜之義在於六四。三陽連進於一危也。外巽體陰。畜道行也。巽之初六陰盪陽。氣盛積陰不能固。退復本位。三連同往而不可見。成於畜義。外象明矣。一陰劣不能固陽是以往也外巽積陰能固陽道成在上九一爻之法也易云。既雨既處也。與乾爲飛伏。甲子水辛丑土

昂按豫四之坤初爲復上息成小畜。故小畜在巽宮一世。與震宮一世豫卦消息相通。小畜內卦由巽初陰盪於陽。外卦六四一陰爲卦主。以畜衆陽。甲辛納內外二象。初爻甲子父母。次爻甲寅上爻辛卯皆兄弟。三爻甲辰四爻辛未皆財祿。五爻辛巳子孫。二上兩爻重木。與外卦巽木合。五行缺金。而內卦有乾金。建候有申酉兩金。入卦有金星。乾在內卦。與乾爲飛伏、就本宮巽卦推其所闕。巽卦三爻辛酉官鬼。伏小畜三爻甲辰之中。注文甲子水。指小畜初九爻。辛丑土、指巽卦初六爻。就世爻而言。水中伏土。小畜初九即乾初九也。

初九元士居世。六四諸侯在應。

昂按小畜隸巽宮一世。初九當世位。應在六四。元士諸侯皆得正。子水應未土。與飛伏水土同

行。

建始壬寅至丁未。立春大暑

昂按本宮巽卦建始既宜起丙午。小畜當後一辰建始丁未。當六月中大暑。至壬子。當十一月節大雪。建候未土子水。與飛伏世應水上皆同行。地支未子。與世應子未亦同。

積算起丁未至丙午。周而復始。木土入乾巽。入宮起算法

昂按積算起壬子至辛亥一周。京氏以丁未之建始為終訖。積算即起丁未。其說可商。

五星從位起太白。金星入卦起算吉凶尾宿從位降甲子。二十八宿入卦分尾宿以小畜甲子水上起算

昂按太白西方金星入木宮。與內卦乾金相比。尾宿度數起於卯木。而止於寅木之位。與外卦巽木相比。降初九世位甲子。金生水。水生木也。九三妻象。上九婦象。皆有關於尾宿。尾第一星后也次三星夫人次則嬪妾見文獻通考

分氣候。其數二十八。分二十八數起宮推算一陰居六四。建子入陽宮。推其休咎處吉凶。剛健立陽爻。陰凝在巽體。易云。輿說輹。夫妻反目。不義之兆夏至起純陰。陽爻位伏藏。冬至陽爻動。陰氣凝地。陰陽升降。以柔為剛。見中虛文明。積氣居內象。九二適變入離次降入風火家人卦。

昂按六四陰爻為卦主。建始丁未陰柔。六辰中歷十節。故氣候分數二十有八。積算壬子。不依京氏起

本宮巽初變入一世小畜初爻甲子。以計數也。初爻納子入陽宮成小畜。次爻復納丑入陰宮成家人。夏至陰起。先大暑兩節。冬至陽動。後大雪一節。陰陽以時升降。小畜九二陽變陰。入二世家人卦。

☲☴ 離下巽上 家人。乾剛俱變文明。內外相應。九五應六二爻 陰陽得位。居中履正。火上見風。家人之象。閑邪存誠。嘻嘻得中。互體見文明。家道明也。內平遇坎險象。家人難也。酌中之義在於六二。與離爲飛伏。己丑土 辛亥水

昂按巽宮二世家人由遯卦來。與震宮二世解卦由臨卦來。臨遯消息相通。家人內卦由長女變中女。卦體仍屬陰柔。離火巽木相生。二三四互坎。三四五互離。重明遇險。家道窮必乖。乖必有難。此序卦之義也。己辛配內外象。初爻己卯上爻辛卯皆兄弟。次爻己丑四爻辛未皆財祿。三爻己亥父母。五爻辛巳福德。初上兩爻卯木。與外卦巽木合。五爻巳火與內卦離火合。五行缺金。建候有申酉兩金也。離在內卦。與離爲飛伏。離卦三爻己亥官鬼。伏家人內離三爻己亥父母之中。就本宮巽卦推其所闕之親屬。三爻辛酉官鬼。伏家人三爻己亥之中。不特二爻世位有飛伏也。注文己丑土。指家人六二爻。辛亥水。指巽宮九二爻。土中伏水當世位。家人二卽離二也。

建始癸卯至戊申。春分 立秋

昂按建候積算皆可商。一世小畜建始既宜從丁未起。家人二世卽宜建始戊申。當七月節立秋。方伯離卦九四當之。家人下離迄於癸丑。當十二月中大寒。

積算起戊申至丁未。金士入離巽。金土入卦同積算

昂按積算起癸丑迴至壬子一周。壬癸皆水。與互體坎水相合。丑土子水。與飛伏土水同行。京氏則以戊申之建始爲終結。積算卽從戊申起也。

大夫居世。應九五立君位。

昂按家人列巽宮二世。六二己丑當世位。應在九五辛巳。大夫與至尊皆中正得位。丑土應巳火相生。

五星從位起太陰。大陰北方入卦起宮推算箕宿從位降己丑。二十八宿分箕宿入家人卦在己丑土上

昂按注文大當作太。太陰北方水星入木宮。與九三亥水相比。箕宿列東北方寅位。殿木宿之末。與外卦巽木初上兩爻卯木相比。降六二世位己丑。以木入土。相剋卽險象。

分氣候。其數三十六。三十六起數家人卦推入積算休咎火木分形。陰陽得位。內外相資。二氣相合。君君臣臣。父父子子。兄兄弟弟。易曰。家人嗃嗃。父子嘻嘻。治家之道分於此也。吉凶之義。配五行進退。六五進退吉凶於陰陽陰陽得起在於四時運動吉凶見矣分內外矣二象配天地星辰合命定吉凶文明運動。變化之象。九三適陰入震。風爲雷合曰益。

次降風雷益卦。

昂按注文六五當作五行。得起當作得失。建始戊申陽剛。六辰中歷十二節。故氣候分數三十有六。內火外木。二五得位。卦由遯初之四。免消成否。初四陰陽亦皆得正。進退之間。吉凶見矣。

內卦九三陽變爲陰。離動成震。爲三世益卦。

☳☴震下巽上益。天地不交曰否。六二陰上柔剛。九四下降積陰。故爲益。易曰。損上益下。雷動風行。男下女上。震男巽女陽益陰。君益於民之仰也。互見坤。坤道柔順。又外見艮。艮止陽益。陰止於陽。柔道行也。內外順動風雷益四象分明剛柔定矣與震爲飛伏。庚辰土辛酉金

昂按巽宮三世益由否來。與震宮三世恆由泰來。消息相通。京氏以否四降初爲益。不若否上推遷之初。於損上益下之義爲密切也。否上之初據虞氏易震巽皆木。二三四互坤。三四五互艮。坤順艮止。中互剝象。柔道行也。內外配庚辛金象。初爻庚子父母。次爻庚寅上爻辛卯皆兄弟。三爻庚辰四爻辛未皆財祿。五爻辛巳子孫。二上兩爻重木。與卦體震巽兩木合。五行缺金。而世位伏有酉金。建候亦有酉金也。震在內卦。與震爲飛伏。內卦初爻至第三爻。干支五行親屬。與震卦內三爻所配皆同。因震象屬木。益卦列巽宮。巽卦亦木象。故五行生剋所成之親屬無殊也。注文庚辰土。指益卦六三爻。辛酉金。指本宮巽卦九三爻。土中伏金。益三即震三也。就本宮巽卦推其所闕。

巽卦九三辛酉官鬼。適伏益卦六三世位庚辰財祿之中。

六三三公居世。上九宗廟爲應。

昂按益爲巽宮三世卦。世位當六三爻庚辰。與上九辛卯相應。三公應宗廟。陰陽皆失位。辰土卯木相剋。

建始甲辰至己酉。清明 秋分

昂按二世家人旣宜從戊申建始。益三世卽宜建始己酉。當八月中秋分。迄甲寅。當正月節立春。

積算起己酉至戊申。周而復始。土金入震巽。起積配風雷 益卦起宮

昂按積算起甲寅迴至癸丑一周。寅木丑土。與世應土木同行。京氏以己酉之起始爲終結。卽起己酉積算。似可商也。

五星從位起歲星。木星 入卦 計宿從位降庚辰。二十八宿分計宿入風 雷益六二庚辰上上

昂按注文上上當作土上。歲星東方木象入木宮。與卦體震巽兩木及次上兩爻重木相比。計宿列東北方艮位。而爲北方水宿之一。艮土卽三四五互體之象。入六三庚辰世位。以水土降土也。

分氣候二十八。起二十八數積算 吉凶周能復始 陰陽二木合金土配象。四時運轉。六位交分。休廢旺生。吉凶見乎動爻。配日月星辰進退。運氣升降。復當何位。金水木 火上 適變於外。陰入陽爻。二象健而動。屬於天

地也。天陽震雷亦陽也二氣相激動而健天行也陰陽相盪。次降入天雷无妄卦。

昂按注文上當作土。建始己酉陰柔。六辰中歷十節。氣候二十有八。爲陰虛之數。內外二象震巽皆木。六三世位辰土。與巽宮九三酉金飛伏。金土相配。益建候由秋而春。不依京氏京氏言休廢旺生。蓋秋令金旺而木休。春令木旺而金休。土旺四季。但春令土爲木所剋。亦有休象。旺進休退。運轉於四時。變動於六爻。其吉凶可推矣。外卦巽四。陰變陽成乾。爲四世无妄卦。

☳☰震下乾上无妄。乾剛震動。二氣運轉。天下見雷。行正之道。剛正陽長。物无妄矣。內互見艮。止於純陽。外互見巽。順於陽道。天行健而動。剛正於物。物則順也。金木配象。吉凶明矣。金木配乾

震入與乾爲飛伏。壬午火
卦辛未土

昂按巽宮四世无妄由遯卦來。與震宮四世升卦由臨卦來。臨遯消息相通。无妄震木乾金配象。內外陽剛。二三四互艮。三四五互巽。艮巽互成漸卦。動而健。止而順。漸進之道也。庚壬配內外象。初爻庚子父母。次爻庚寅兄弟。三爻庚辰上爻壬戌皆財祿。四爻壬午子孫。五爻壬申官鬼。次爻寅木與內卦震木合。五爻申金與外卦乾金合。內外地支配子寅辰午申戌。同於乾卦地支。震卦地支與乾同。无妄內震外乾。與坤宮大壯內乾外震。地支同乾。其例一也。乾在外卦。與乾爲飛伏。注文壬午火。指无妄九四爻。辛未土。指本宮巽卦六四爻。世位火中伏土。无妄四即乾四

也。

九四諸侯在世。初九元士立應上。

昂按无妄列巽宮四世。諸侯莅四爻。應初爻元士。九四午火。乾陽失位。受剋於初九子水。子午相衝。

建始乙巳至庚戌。小滿寒露

昂按三世益卦既宜從己酉建始。四世无妄建候。卽宜始庚戌。當九月節寒露。迄於乙卯。當二月中春分。方伯震卦初九當之。无妄下震

積算起庚戌至己酉。周而復始。火土入乾震。火土分乾震入无妄卦起積算

昂按積算起乙卯迴至甲寅一周。甲乙皆木。寅卯亦木。與內卦震木相合。京氏以建始之庚戌爲終結。積算起於庚戌。說亦可商。火土入乾震。實戌土卯木入乾震也。

五星從位起熒惑。火星入卦定吉凶 牛宿從位降壬午。二十八宿分牛宿入无妄壬午火位上

昂按熒惑南方火星入木宮。與九四世位午火相比。牛宿度數列東北艮方丑土之位。與互艮六三辰土相比。牛爲北方水宿之一。降九四世位壬午。以水土入火。火生土也。六三或繫之牛。直取牛宿之象。

分氣候三十六。三十六數起卦積算上金下木。二象相衡。陰陽升降。健而動。內見一陽應動剛。五行分配。吉凶半矣。二氣各爭九五適變。入文柔。陰盪陽。爻歸復位。剛柔履次。明任外進退吉凶。見中虛。次降入火雷噬嗑卦。

昂按建始庚戌陽剛。六辰中歷十二節。氣候三十有六。其數陽盈。入文柔三字。當作柔入文剛。噬嗑彖傳所謂柔來而文剛也。剛字誤置前文。吉凶半矣。半卽判字。剛柔履次。次疑是坎字之誤。五動成噬嗑互坎也。京氏言上金下木。二象相衡。乾離生震。而金則剋木。且初爻子與四爻午相衡。子水剋午火。次爻寅與五爻申相衡。申金剋寅木。三爻與上爻雖皆屬土象。而辰戌亦相衡也。无妄外乾五動入離。成五世噬嗑。三四五互坎。柔來文剛。九四陽剛。履在坎心。

☲☳震下離上噬嗑。柔乘文剛。積氣居中。陰道明白。動見文明。雷電合分威光而噬嗑也。易曰。頤中有物曰噬嗑。陰陽分中。動而明。象雷電也物有不齊。齧而噬。吉凶之道。象於五行。順則吉 逆則凶。火木合卦配升降。與離爲飛伏。己未火辛巳土

昂按卦象內卦下震誤畫作坤。今正。巽宮五世噬嗑由否卦來。與震宮五世井卦由泰卦來。泰否消息相通。噬嗑卦象雷電相合。震木離火相生。九四象頤中有物。與游魂頤卦相關。庚己配內外象。初爻庚子父母。次爻庚寅兄弟。三爻庚辰五爻己未皆財祿。四爻己酉官鬼。上爻己巳子孫。次

爻寅木與內卦震木合。上爻巳火與外卦離火合。離在外卦。與離爲飛伏。注文己未火。火當作土。指噬嗑六五爻。辛巳土。土當作火。指本宮巽卦九五爻。世位土中伏火。噬嗑五即離五也。

六五居尊。應六二大夫。

昂按噬嗑列巽宮五世。六五己未當世位。至尊與大夫相應。而六五失正。未土見剋於六二寅木。

建始丙午至辛亥。芒種小雪

昂按本宮巽卦建候既宜至辛亥止。噬嗑即宜建始辛亥。後四世无妄庚戌一辰。當十月中小雪。迄於丙辰。當三月節清明。方伯震卦六二當之。噬嗑下震

積算起辛亥至庚戌。周而復始。火土入離震。分火土二位入噬嗑卦起積算爻推配星辰歲月日時進退吉凶

昂按注文爻上脫六字。積算起丙辰迴至乙卯一周。辰土卯木。與世應未土寅木同行。京氏以辛亥之建始爲終訖。積算從之而起。其說可商。火土入離震。實亥水辰土入離震也。

五星從位起鎮星。土星入卦女宿從位降己未土。二十八宿分女宿入卦六五己未土也

昂按鎮星土象入木宮。與六五世位未土相比。女宿度數起於丑土而止於子水。爲水宿之一。與建始亥水至辰土相合。降六五己未。土星水宿。與建候亥水辰土同行。建候不依京氏

分氣候二十八。從二十八位數起八卦算吉凶火居水上。陽中見陰。陽雜氣渾而濁。吉凶適變。隨時見也。返復陰

游魂入卦。降下九四陽入陰五行進退始終之道。斯可驗矣。升降六爻。極返終下。降山雷頤卦。

昂按火居水上。水當作木。注文八卦當作入卦。建始辛亥陰柔。六爻中歷十節。氣候二十八。亦屬陰數。內木外火相生。九四陽入陰。離變爲艮。巽陰復在四爻。成游魂頤卦。

☶☳震下艮上頤。六位上下。周而復始。內外交互。降入純陰。見坤象居中地之氣萃在其中。上下陽積純和位包陰之氣。見浩然之氣明矣。土木配象。吉凶從六虛。六虛即六爻也與震爲飛伏。丙戌土己酉金

昂按巽宮之魂。游歸在艮。頤卦游魂。艮在外卦。歸魂蠱卦亦然。與艮宮游歸兩魂在巽。互相變也。巽宮游魂頤卦與震宮游魂大過卦。同屬夬遘消息。大過以陰終始。純陽積中。頤卦以陽終始。純陰積中。皆周而復始。顛倒不改。萃卦下坤積陰。亦屬夬遘消息。故京氏謂地氣萃在其中也。震木艮土配象。內外配庚丙。初爻庚子五爻丙子皆父母。二爻庚寅上爻丙寅皆兄弟。三爻庚辰四爻丙戌皆財祿。二上兩爻寅木。與內卦震木合。三四兩爻重土。與外卦艮土合。卦由五世噬嗑外離九四魂返於四。故飛伏在離。與噬嗑同。原傳與震爲飛伏。震當作離。注文丙戌土。指頤卦六四爻。己酉金。指離卦九四爻。六爻缺火與金。而建候有巳午兩火。申酉兩金。入卦有金星。且離火酉金。亦足以濟之。世位土中伏金。財祿中有財祿。頤四即離四也。就世爻取飛伏。與離宮四世蒙卦同例。就本宮巽卦推其所闕。巽卦九三辛酉官鬼。九五辛巳子孫。伏頤卦三五兩爻之

中。

六四諸侯在世。元士之初九見應。

昂按游魂世位當第四爻。應在初爻。六四諸侯與初九元士相應。戊土應子水。五行雖相剋。而陰陽皆得位。

建始辛亥至丙辰。小雪 清明

昂按五世噬嗑建候既宜至丙辰止。頤卦由噬嗑九四變爲游魂。建候後頤卦五辰。卽宜始自丙辰。當三月節清明。丙辰清明至戊午五月節芒種。皆方伯震卦主之。頤卦下震 迄於辛酉。當八月中秋分。

建始六四爻。起自丙火。與原爻所納丙火相合。建候辰土酉金。與飛伏土金同行。

積算起丙辰至乙卯。周而復始。土木入艮震。分土木二象入卦算吉凶

昂按積算起辛酉迴至庚申一周。京氏則以建始之丙辰爲終訖。依之積算也。內卦震木。外卦艮土。建候辰土生酉金。積算辛酉庚申皆金象。與世位六四所伏離四酉金相合。

五星從位起太白。金星西方入 八月卦上衡 虛宿從位降丙戌土。二十八宿分虛宿入 頤六四丙戌土上

昂按太白列西方八月兌金之位。與內卦東方震木相衡。旁剋本宮東南方巽木。虛宿列北方坎水之中樞。與初五兩爻子水相合。水能生木。降世位六四丙戌土。水又受剋。而金能生之。

分氣候三十六。（起數二十八推六爻吉凶之位）山下有雷。止而動。陰陽通變。分氣候。內外剛而積中柔。升降游魂。下居六四。位特分復歸於本。（游魂返居六四入卦周始爻位遷次明矣）吉凶起於六四。次環六位星宿躔次也。極則反本•降入歸魂山風蠱卦。

昂按注文二十八當作三十六•建始內辰陽剛。六辰中歷十二節。氣候三十六。爲陽盈之數。游魂返本。以剛包柔•金星水宿。躔次卦爻。金水相生•六四戌土•生金洩水。吉凶可見。內震三歸返巽。成歸魂蠱卦。

䷑ 巽下艮上 蠱。適六爻陰陽上下。本道存也。氣運周而復始。山下見風。止而順。內互悅而動•易云•蠱者事也。先甲後甲。事分而合行•金土合木象。復本曰歸魂。與震爲飛伏。（辛酉金 庚辰土）

昂按巽宮歸魂蠱卦。與震宮歸魂隨卦相通。隨由否來。蠱由泰來。同屬泰否消息•蠱外卦同游魂•內卦入巽宮本位。二三四互兌。三四五互震。故京氏云。內互悅而動也。（先甲後甲說詳拙著周易虞氏學）卦體巽木艮土•京氏言金土台木象者。蠱三世位辛酉金。伏震三庚辰土。應上爻丙寅木。合本宮巽木也。互兌亦金象。互震亦木象。內外納辛丙。初爻辛丑四爻丙戌皆財祿。次爻辛亥五爻丙子皆父母。三爻辛酉官鬼。上爻丙寅兄弟。初四兩爻重土•與外卦艮土合。寅木與內卦巽木合。內卦返巽。由游魂頤卦內震變來。體中互震。故震爲飛伏。與本宮巽卦相同。惟世位不同。巽取震上戌土。蠱取震三辰土耳。注文辛酉金。指蠱卦九三爻。庚辰土。指震卦六三爻。世位金中伏土。與震宮三世恆卦同例。就其所闕推之本宮巽卦。巽九五辛巳子孫。伏蠱卦六五丙子財祿之中。五行缺火。建候有巳午丙火也。

九三歸魂。立三公在世。應上九。見宗廟。

昂按歸魂世在第三爻。九三辛酉當世位。與上九丙寅相應。而宗廟失位。寅木見剋於九三酉金。

建始庚戌至乙卯。寒露 春分

昂按游魂頤卦建候既宜始自丙辰。蠱卦歸魂。即宜先一辰建始乙卯。受氣當二月中春分 方伯震卦初九當之。蠱互震與震飛伏 迄庚申成體。當七月節立秋。卯木申金。與世應酉金寅木同行。

積算起乙卯至庚寅。周而復始。土木入艮巽。土木分艮巽宮

昂按游魂頤卦積算既宜迴轉至庚申。蠱歸魂積算即宜起自庚申。庚申迴至己未一周。申金未土。與飛伏金土同行。京氏以建始之乙卯爲終結。積算亦隨之移動。此可商者也。

五星從位起太陰。太陰水星入卦用 危宿從位降辛酉金。二十八宿危宿入巽歸魂山風蠱九三辛酉金位上

昂按注文用字下脫事字。太陰入木宮。爲北方水星。危亦水宿。度數起於北方子位。而止於西北方亥位。與次爻亥水五爻子水相合。降世位九三辛酉金。以水降金。金水相生。

分氣候二十八。起積算數二十八卦宮定吉凶木上見土。風落山貞。幹於父事。陰陽復位。長幼分焉。八卦循環始於巽。歸魂內象見還元。六爻進退。吉凶在於四時。積算起宮。從乎建始。卦用身也及升陰陽。巽宮適變入離。文柔分矣。陰入陽退見中虛。次水中女。八卦相盪。陰陽定位。遷入離宮八卦純火。以日用事。

昂按升陰陽句。陽上當有降字。文柔分矣。文當作剛。次字下水字衍。注文顛倒。當作積算二十八數起卦宮定吉凶。建始乙卯陰柔。六辰中歷十節。氣候分數二十八。積算庚申。不依京氏起本宮巽初。推之第三爻變入游魂蠱三辛酉。以定數也。八卦周流。陽始於出震。陰始於入巽。震巽相循。斯復始迴環。京氏言八卦循環始於巽者。特舉陰宮以發其例耳。積算從建月終結之干支計起。京氏言積算起宮從乎建始者。由終以推始也。坤陰初四入乾為巽。二五入乾卽成離。巽宮歸魂蠱卦初二易位。六四陰變為陽。次入離卦。與震宮歸魂隨卦初二相易。九四陽變陰。降入坎卦。其象相對。

☲☲ 離下離上 離。本於純陽。陰氣貫中。稟於剛健。見乎文明。故易曰。君子以繼明照于四方。離卦中虛始于乾象純則健不能柔明故以方陰氣貫中柔剛而文明也北陽為陰主。陽伏於陰也。成卦義任六五是以體離為日為火。始於陽象。而假以陰氣。純用剛健。不能明照。故以陰氣入陽。柔於剛。健而能順。柔中虛。見火象也。是以離取中虛氣炎方能

照物日昌火本陽象也純以陰又不能乾於物純以陽又暴於物故取陰柔於中女能成於物也與坎爲飛伏。己巳火戊子土

昂按離純火用事。由坤陰二五入乾陽。蘊柔順於剛健之中。陽雖爲陰主。而離以二五陰爻爲卦主。六五離居尊位。而不及六二之中正。成卦之義尤重在六二。內外天干皆納己土。初爻己卯父母。次爻己丑五爻己未皆子孫。三爻己亥官鬼。四爻己酉妻財。上爻己巳兄弟。巳火與卦體離火合。離與坎同爲乾坤所出入。消息相通。故坎離互爲飛伏。注文己巳火。指離卦上九爻。戊子水。指坎卦上六爻。原注土。當作水世位火中伏水。水火相剋。實相胎也。

宗廟爲世。應上見三公。上九九三

昂按八宮首卦世位皆在上爻。離卦亦然。與九三相應。三公得位。而上九宗廟失正。巳火受剋於九三亥水。巳亥相衝。火水與飛伏火水同行。

建始戊申至癸丑。立秋至大寒

昂按建候上九爻。受氣始自戊申。後巽卦二辰。當七月節立秋。歷己酉庚戌辛亥壬子迄癸丑成體。當十二月中大寒。與巽宮家人卦同例。家人建始不依京氏離爲方伯卦。初九夏至。時值丙午。六二小暑。九三大暑。時值丁未。九四立秋。六五處暑。時值戊申。上九白露。時值己酉。依京氏所列。每爻配一辰。則上九建始值戊申。初九值己酉也。己酉與九四干支相同。

積算起癸丑至壬子。火取胎月至本月周而復始。土水二象入離火位。土水二位入卦起算

昂按積算起癸丑。亦後巽卦二辰。迴環至壬子一周。建始積算。由金丑土子水入離火。有生有剋。注言火取胎月至本月。五月離卦午火。本胎於十一月坎卦子水也。

五星從位起歲星。木星入火宮卦室宿從位降己巳火。二十八宿分室宿入離宮上九巳火上也

昂按歲星東方木象入火宮。與初爻卯木相合。室宿列西北方亥水之位。與九三亥水相合。降上九己巳火。以水入火。木能生火。水能胎火也。

分氣候三十六。積算起數三十六立位定吉凶內外二象配於火土爲祥。土木入離爲祥互見悅順。著於明兩。兌巽二象陰陽升降。入初九適變從陰。止於艮象。內卦變也吉凶從位起至六五。休廢在何爻。看當何位金水木火土與本宮刑宮次降入火山

旅卦。初九爻變之

昂按明兩當作兩明。注文初九爻變之下脫陰字。建始戊申陽剛。六辰中歷十二節。積算癸丑入上九世位己巳。土火相生。氣候二十六。陽數也。內外天干配己土。上爻世位地支配巳火。卦體重火。卦主二五中虛。兩爻重土。故言內外二象配於火士爲祥也。注文土木當作火土二三四互巽順。三四五互兌悅。巽兌合體大過。九四突如其來如。即大過死象。京氏言吉凶從位起至六五。休廢任何爻。蓋謂從上九世位起。迴至初九。以迄六五一周也。上九建始戊申以降。離火漸衰。由秋入冬。

當休廢之期。惟上六世位已巳。火象漸興。六五己未。於時爲六月。正火旺之時耳。離初陽變爲陰。內卦動成艮。爲一世旅卦。

☶☲艮下離上旅。陰中見陽。遊入陽中。陰陽二氣交互見本象。火居山上。爲旅之義。離爲陰初九爲陽艮爲陽初六爲陰二氣交互上下見木也火在上無止象旅之義易曰。旅人先笑後號咷。又曰。得其資斧。仲尼爲旅人。固可知矣。旅卦爲取象火在山上顯露無止五行八卦消息去此還也與艮爲飛伏。丙辰土己卯木

昂按離宮一世旅卦由否卦來。與坎宮一世節卦由泰卦來。泰否消息相通。旅在離宮中。由離初動之艮。在消息中。由否三之五。離陰在五。內卦艮陽。而初六見陰象。艮陽在三。外卦離陰。而九四見陽象。九四即離初故云。陰陽二氣交互見本象也。陸注可商。注文上下見木也一句。二三四雖互巽木。木字仍當作本。離火生於巽木而生艮土。丙己配內外象。初爻丙辰五爻己未皆福德。次爻丙午上爻己巳皆兄弟。三爻丙申四爻己酉皆財祿。初五兩爻重土。與內卦艮土合。二上兩爻重火。與外卦離火合。艮在內卦。與爲飛伏。注文丙辰土。指旅卦初六爻。己卯木。指本宮離卦初九爻。旅初即艮初。五行缺水與木。而世位伏木。水宿入卦。建候有寅木與亥子兩水。離卦九三己亥官鬼。伏旅卦九三丙申財祿之中。不特初六世位辰土福德。伏有離初卯木父母也。其居初六元士。九四諸侯見應。

昂按其字當作世。金入木上離艮。當作金木土入離艮。旅一世。初爻當世位。應在第四爻。初六辰土生九四酉金。辰酉相合。惟元士諸侯皆宜變之正耳。

建始己酉至甲寅。（秋分 立春）

昂按建始初六。後本宮離卦戊申一辰。起自己酉。與九四爻所納干支相同。當八月中秋分。至於甲寅。當正月節立春。與巽宮益卦同例。（益卦建始不依京氏）

積算起甲寅至癸丑。周而復始。金入木上離艮。（金木土入卦起積算）

昂按本宮離卦積算自癸丑起。旅積算即迴至癸丑一周。寅木至丑土。與飛伏土木同行。艮土離火相生。建候積算。酉金寅木丑土。金剋木。木剋土。入卦則土能生金。木能生火也。

五星從位起熒惑。（火星入卦見本象）壁宿從位降內辰。（二十八宿壁宿入旅卦初六丙辰土位上起算）

昂按熒惑火星入火宮。與外卦本宮離火二上兩爻重火相合。壁宿列西北方亥水之末位。入初六世位內辰土。火胎於水而生土也。東壁主文章。（見開元占經）旅屬離宮一世。離在外卦。文明即壁宿之象。

分氣候三十六。（分三十六數起卦推算）火土同宮。二氣合應。陰陽相對。吉凶分乎陰位。上九陽居宗廟。得喪于易。六五爲卦之主。不係于一。凶其宜也。內象適變。遷陰入陽。巽順於物。進退憲器。外象明

應內爲鼎。次降火從風入鼎。初九之初六六二之九二巽爲風二象火曰鼎

鼎按分氣候三十六。當作二十八、積始己酉陰柔。六辰中歷十節。積算甲寅入初六世位內辰。本陰虛之數。六五爲卦主。而以陰居陽。不得正位。上九陽亦失正。宜其凶也。六二得位。而動入於陽。艮變成巽。爲二世鼎卦。

☲☴巽下離上鼎。木能巽火。故鼎之象。亨飪見新。供祭明矣。易曰。鼎取新。木見火中發火木相資象鼎之兆下穴爲足中虛見納飪熱之義明矣凡飪熱享祀爲先故曰供祭明矣變生也陰陽得應。居中履順。三公之義。繼於君也。九三成鼎之德六五委任陰得賢臣假之位以斯明也穴見火。順於上也。中虛見納。受辛於內也。金玉之鉉任乎陽。饗新亨飪在乎陰。與巽爲飛伏。辛亥水己丑土

鼎鼎離宮二世鼎卦由離卦來。與坎宮二世屯卦由坎卦來。坎離消息相通。鼎由木火入宮。巽木生離火。內卦下缺象穴。外卦中虛生明。巽離皆陰柔之體。惟九二陽爻得位。其餘剛柔諸爻皆失正。內卦巽於天干中納辛。故云受辛於內也。外卦離納己。初爻辛丑五爻己未皆子孫。次爻辛亥官鬼。三爻辛酉四爻己酉皆財祿。上爻己巳兄弟。巳火與外卦離火合。五行缺木。內卦有巽木建候有寅卯兩木。巽在內卦。與爲飛伏。巽卦次爻辛亥父母。伏鼎卦內巽次爻辛亥官鬼之中。注文辛亥水。指鼎卦九三爻。己丑土。指離卦六二爻。此就世位推之也。鼎二即巽二。本宮離卦初爻

己卯父母。伏鼎卦初爻辛丑子孫之中。此就其所缺之親屬推之也。

九二立大夫爲世。六五居尊見應。

昂按鼎列離宮二世。巽二當世位。應在離五。大夫與至尊皆不得正。九二亥水應六五未土相剋。

與水土飛伏同行。

建始庚戌至乙卯。寒露 春分

昂按建候九二爻。始自庚戌。後一世旅卦己酉一辰。當九月節寒露。至乙卯。當二月中春分。與巽宮无妄卦同例。无妄建始不依京氏九三建辛亥。與九二爻所納干支相同。

積算起乙卯至甲寅。周而復始。分土木二象入爲巽配鼎卦 分土木入離巽。

昂按積算一世旅卦起自己酉。鼎二世即迴至己酉。算數從建候終訖之乙卯計起。天干甲乙皆木。地支寅卯亦然。建始戌土。以土木入火木之卦體。木生火。火生土。

五星從位起鎮星。土星入火宮 奎宿從位降辛亥水。二十八宿分奎宿入鼎卦九二辛亥位上

昂按鎮星土象入火宮。與初五兩爻重土相合。奎宿度數起於亥水。而爲西方金宿白虎之首。入九二世位辛亥。金生水也。

分氣候三十六。起宮數三十六宮配卦算吉凶 火居木上。二氣交合。陰陽巽順。器具形存。金玉堅剛配象。陰陽升

降。六位遞相遷次。九三適變。以陽入陰●見乎坎險。鼎九三爻之義陰成坎卦外象坎外離二氣不交見未濟卦降入水火未濟卦。

昂按注文三十六下宮字衍●外象坎外離。當云象內坎外離●建候歷十二節。始自庚戌陽剛。氣候分數三十有六。積算乙卯。起本宮離初。推之第二世鼎二辛亥。以配數也。二三四互乾●九三陽爻居互體之中而得正位。爲玉爲金●皆屬乾象。變而之陰。則內卦成坎。爲三世未濟卦●

䷿ 坎下離上 未濟。陰陽二位。各復本體。六爻交互。異於正象。離炎上坎務下二象不合各殊陰陽交納是以異於本象也故取未濟名之。世應得位。陰陽殊塗。九二六五性命不交●吉凶列矣。坎性離命與坎爲飛伏●戊午火己亥水

昂按注文務字當作降。離宮三世未濟從否卦來●與坎宮三世既濟從泰卦來。泰否消息相通。未濟卦體上下與既濟異位。世應兩爻。陰陽失正。京氏言得位。何也●乾爲性。坤爲命。坎凝乾陽●離麗坤陰。陸氏謂坎性離命。宜矣●內外納戊己。天干皆屬土象。初爻戊寅父母。次爻戊辰五爻己未皆子孫●三爻戊午上爻己巳皆兄弟、四爻己酉財祿。三上午巳兩火。與外卦離火合。五行缺水。而內卦有坎水。世位伏亥水。建候有亥子兩水。坎在內卦。與爲飛伏。坎卦六三戊午財祿●伏未濟內坎六三戊午兄弟之中。注文戊午火。指未濟六三爻●己亥水●指離卦九三爻。此就世位推之本宮也。火中伏水●與卦體坎水離火相合●本宮離卦九三己亥官鬼、適伏未濟六三戊午兄弟之中●未濟三即坎三也●

六三三公爲世。應宗廟。上九

昂按未濟列離宮三世。世位當六三。與上九應。午火應巳火。本屬相比。而六爻皆不得位。不特三公與宗廟失正也。

建始辛亥至丙辰。小雪清明

昂按建候六三。始自辛亥。後二世鼎卦庚戌一辰。當十月中小雪。迄丙辰。當三月節清明。與巽宮噬嗑卦同例。噬嗑建始不依京氏中經壬子十一月中冬至。迄乙卯二月節驚蟄。坎卦六爻當之。未濟內坎

積算起丙辰至丁卯。水土二象入離坎。分水土入卦

昂按積算二世鼎卦從乙卯起。未濟三世即迴至乙卯。丙辰至乙卯一周。天干丙丁皆火。建候亥水辰土入離坎。積算兼卯木。

五星從位起太白。金星入離宮卦分六爻婁宿從位降戊午火。二十八宿分婁宿入未濟六二戊午火位土定吉凶入積算

昂按注文土字當作上。太白西方金星入火宮。與九四酉金相比。婁宿列西北方戌土之位。與二五兩爻重土相比。婁爲西方兌金七宿之一。降六三世位戊午。火生土。土生金也。卦辭小狐汔濟。九四震用伐鬼方。三年有賞于大國。小狐爲畜類。征伐須聚衆。賫賞需黃金。皆婁宿之象。開元占經郗萌曰有聚衆之事則占於婁西宮候曰婁其物黃金文獻通考婁主苑牧犧牲

分氣候二十八。積算二十八數至吉凶處水火二象。坎離相納。受性本異。立位見隔。睽于上下。吉凶生也。子午之位受刑見害。氣不合也。陰陽升降。入於外卦。適離爲艮。上著於象。艮上著離也天地盈虛。與時消息。其大也。次降入山水蒙卦。

昂按其大也句。其字下脫道字。建候歷十節。始自辛卯陰柔。積算丙辰入六三世位戊午。火土相生。氣候分數二十有八。陰虛之數也。坎水值子。離火值午。水火雖相胎。而地支子午相衝。初六上九寅巳刑害。二三四爻辰午酉亦相刑。不特卦體子午不相合也。九四陽變爲陰。外離成艮。爲四世蒙卦。

䷃ 坎下艮上 蒙。積陽居陰。止於坎陷。養純正素。居中得位。易云。山下出泉。蒙。二象標正。天下通也。盤暗釋疑。陽道行也。內實外正。暗得明。陰附於陽。稚道亨也。故曰蒙養正。與艮爲飛伏● 丙戌土 乙酉金

昂按離宮四世蒙卦與坎宮四世革卦。同屬夬遘消息。蒙由坎艮分宮。卦體內外陽剛。而坎陽陷於中。艮陽窮於上。二五居中。陰陽皆失位。京氏言「居中得位」。非易位不能得正也。離麗乾陽而明。坎陷坤陰而暗。蒙居離宮。而內卦遇坎。暗而得明。坎離旁通也。戊內配內外象。初爻戊寅上爻丙寅皆父母。次爻戊辰四爻丙戌皆子孫。三爻戊午兄弟。五爻丙子官鬼。二四兩爻重土。與

外卦艮土合。五爻子水與內卦坎水合。艮在外卦。與爲飛伏。艮卦五爻丙子財祿。伏蒙卦外艮五爻丙子官鬼之中。注文丙戌土。指蒙卦六四爻。己酉金。指離卦九四爻。（原注乙酉當作己酉蒙卦五行缺金）。本宮離卦九四己酉金屬財祿。適伏在蒙卦六四世位丙戌土中。且世位降有金宿也。

諸侯立世。元士爲應。（六四初六）

昂按蒙居離宮四世。六四當世位。應在初六。諸侯得正。元士失位。四爻戌土應初爻寅木。有剋制之嫌。

建始壬子至丁巳。（大雪小滿）

昂按建候六四。肇始壬子。後三世未濟辛亥一辰。當十一月節大雪。歷癸丑甲寅乙卯丙辰以迄丁巳。當四月中小滿。自壬子大雪後一節冬至。迄癸丑二月節驚蟄。所歷六節。由方伯坎卦六爻當之。（蒙卦內坎）

積算起丁巳至丙辰。周而復始。火土入艮坎。（火土二象入卦用算）

昂按積算三世未濟卦起自丙辰。蒙卦四世卽迴至丙辰。從丁巳至丙辰一周。丙丁皆火。建候始子水。與內卦坎水相合。積算迄辰土。與外卦艮土相合。巳火與本宮離火相合。

五星從位起太陰。（水星北方入宮起算）胃宿從位降丙戌土。（二十八宿分胃宿入蒙卦六四丙戌土上）

昂按太陰北方水星入火宮。與內卦坎水五爻子水相合。胃宿度數止於西方酉金之位。與六四戌土所伏離卦九四酉金相合。降入戌土。土能生金。胃宿主倉廩五穀府。開元占經石元說彖傳蒙以養正。序卦傳云。蒙者物之穉也。物穉不可不養也。飲食需養。即胃宿之象。

分氣候三十六。起數二十八從六位推算山下見水。畜聚居中。分流萬派。六位不居。吉凶適變。水土分也。五行入卦算吉凶逐四時行因廢王吉則王凶則廢陰陽進退。歲時物也。六五陽中積陰。入巽見陰中陽。二氣相盪。不可盈望。次降入風水渙卦。六五變入九五陽中陰入陽中陽適變往于他宮位不出本宮

昂按建候經十二節。始自壬子陽剛。積算丁巳入六四世位丙戌。火土相生。氣候分數三十有六。其數陽盈。坎水艮土。分宮成體。建始壬子。候值冬令。迄於丁巳。時當夏令。水旺盛於冬。而休廢於夏。土旺盛於夏。而休廢於春冬。陸注所謂吉則王。同旺凶則廢也。六五陰動成陽。外卦變艮爲巽。入五世渙卦。艮陽卦。六五陰爻爲陽中陰。巽陰卦。九五陽爻爲陰中陽。以爻位言之。五爲陽位。六五以陰居陽。爲陽中陰。九五以陽居陽。爲陽中陽。

☴☵巽上坎下渙。水上見木。渙然而合。渙者散也內外健而順。納實居中正。互見動而上。虛舟行也陰陽二象。資而益也。風行水上。處險非溺也。木浮于水也九五履正思順。非偏也。與巽爲飛伏。辛巳火己未土

昂按上卦巽象誤畫作艮。今正。離宮五世渙卦由否來。與坎宮五世豐卦由泰來。泰否消息相通。

坎水生巽木。坎得乾陽而健。巽得坤陰而順。二三四互震動象。三四五互艮止象。故互見動而止也。原傳上字當作止。自次爻至上爻互成益卦。故云陰陽二象資而益也。內外納戊辛二象。初爻戊寅上爻辛卯皆父母。次爻戊辰四爻辛未皆子孫。三爻戊午五爻辛巳皆兄弟。初上兩爻重木。與外卦巽木合。巽在外卦。與爲飛伏。注文辛巳火。指渙卦九五爻。己未土。指離卦六五爻。火中伏土。此就世位推及。渙五卽巽五也。若就本宮推其所缺。則離卦九三己亥官鬼。伏渙卦六三戊午兄弟之中。九四己酉財祿。伏渙卦六四辛未子孫之中。六爻缺水與金。建候亦然。而內卦有坎水。降位有金宿也。

九五居尊。大夫應。九二爻也。

昂按渙列離宮第五世。九五諸侯當世得位。應九二大夫。巳火應辰土。雖相生。而二不得位。宜變之正。火土與飛伏火土同行。

建始癸丑至戊午。大寒芒種

昂按本宮離卦建候至癸丑止。渙卦五世卽從癸丑建始。後四世蒙卦壬子一辰。當十二月中大寒。經甲寅乙卯丙辰丁巳以至戊午。戊午與六三所納干支相同。當五月節芒種。自壬子十二月大寒。歷甲寅正月立春雨水。乙卯二月驚蟄。皆方伯坎卦當之。渙卦內坎丑土午火。與飛伏世應火土皆同行。

積算起戊午至丁巳。周而復始。火土入坎巽。火土二象入坎巽配火宮渙卦起算

昂按積算四世蒙卦起自丁巳。渙五世。卽迴至丁巳計算。戊午迄丁巳一周。巳午皆火。與三五兩爻巳午重火相比。倂建始之丑土入坎水巽木。

五星從位起歲星。木星入火宮木象昴宿從位降辛巳火。二十八宿分昴宿入渙九五辛巳火位上

昂按歲星東方木象入火宮。與外卦巽木初上兩爻寅卯重木相比。昴宿列西方酉金之中央。降九五辛巳世位。以金宿入火爻。雖相剋制。而金在巳則生也。

分氣候。其數二十八。起算從二十八位上推六爻吉凶歲月日時爲候內卦坎中滿。一陽居中。積實于內。風在外行。虛聲外順。吉凶之位。兌乎四序。盛衰之道。在乎機要。陰陽死于位，生于時。死于時。生于位。進退不可詰。正盛則衰來。正衰則盛來。易曰。積善之家。必有餘慶。積不善之家。必有餘殃。八卦始終。六虛反復。游魂生巽入乾。爲天水訟卦。

昂按六辰中歷十節。建始癸丑陰柔。氣候二十八。陰數也。積算戊午入九五世位辛巳。巳午皆火。合本宮離六。內卦坎陽中實。外卦巽陰下虛。陰陽之道。盛衰變化。死生循環。乾死於剝窮艮位。而生於復初之時。坤死於夬決之時。而生於姤初巽位。以泰否消息言之。乾陽死於否卦第三

爻位•而生於反泰之時•坤陰死於泰卦成乾之時•而生於否卦第三爻位。故云。陰陽死於位。生於時。死於時•生於位也。外卦六四變九四　巽動入乾。成游魂訟卦。

☵☰坎下乾上訟。生生不絕之謂道。六位不居。返爲游魂。離宮八卦以訟爲反四。五至四也 天與水違曰訟。天道西行水東流其路背也外象乾西北方之卦內坎水正北方之卦其流東也二氣不交曰訟 五行所占六位定吉凶。非所背順爲正。金與水二氣相資。父子之謂。健與險內外相激。家國之義。出象故以則。斯可驗矣。與巽爲飛伏。壬午火 辛未土

昂按卦象下坎誤畫作坤•上乾誤畫作震。今正。離宮之魂游歸在乾。訟卦游魂。乾在外卦•同人歸魂亦如其例。與乾宮游魂歸魂外卦皆離。互相資也。訟由遯來•與坎宮游魂明夷從臨來。臨遯消息相通。乾金坎水雖相生。而東西相違。故有訟象。戊壬納內外象。初爻戊寅父母。次爻戊辰上爻壬戌皆子孫。三爻戊午四爻壬午皆兄弟。五爻壬申財祿。中金與外卦乾金合。卦由五世渙卦巽陰返魂九四。三四五互巽。故與巽飛伏。同於渙卦。注文壬午火•指訟卦九四爻•辛未土。指巽卦六四爻。世位土伏在火中。與巽宮四世无妄卦同例。五行缺水•而建候有亥水。就其所缺之水推本宮離卦。則離三巳亥官鬼。伏訟三戊午兄弟之中。

諸侯居世。元士見應。九四 初六

昂按訟游魂世位例當第四爻•應在初爻。九四壬午應初六戊寅。火與木雖相生。而諸侯元士。陰

陽皆失正。

建始戊午至癸亥。芒種小雪

昂按五世渙卦建候止於戊午。訟卦由渙卦六四變陰爲陽。魂游在四。建候九四。卽從戊午起。後渙卦五辰。當五月節芒種。經己未庚申辛酉壬戌以至癸亥。當十月中小雪。九四建午。與原爻地支配午相符。戊午與六三所配干支相同。九二建壬戌。與上九所配干支相同。

積算起癸亥至壬戌。周而復始。火水入卦。火水二象入離宮配六位積算推日月歲時

昂按積算起癸亥至壬戌一周。天干壬癸皆水。繼以地支亥水。足以補六爻五行之所缺。午火與三四兩爻午火相合。戊土與次爻辰土上爻戌土相合。

五星從位起熒惑。火星入火宮同起積算畢宿從位降壬午火。二十八宿分畢宿東方宿入離游魂天水訟卦九四壬午火土也

昂按注文東當作西。土當作上。熒惑南方火星入火宮。與世位午火相比。畢宿度數起於西方酉金之位。與外卦乾金相合。降九四壬午。以金入火。陰陽爭訟。有剋制之象。

分氣候三十六。起宮從三十六位算吉凶天下見水。陰陽相背。二氣不交。物何由生。吉凶宗於上九。進退見於九四。二居中履正。得其宜也。陰陽升降。復歸內象。陰去陽來復本位內見離同人次降天火同人卦。次本陽上下二爻陰適變從離也

昂按六辰歷十二節。建始戊午陽剛。氣候三十有六。爲陽盈之數。積算癸亥入九四世位壬午。注言起宮者。從本宮離初推之錡四爻游魂。以起算也。以倫類言。外乾爲父。內坎爲長男。體皆陽剛。以方位言。則乾居西北。坎居正北。位皆陰柔。京氏言陰陽相背者。蓋倫類與方位參錯舉之耳。上爻宗廟不變。而重剛亢極。盈不可久。九四魂返而亦失正。九二以陽居陰。中而不正。坎變成離。爲歸魂同人。則內卦初三兩爻亦得位。不特次爻履正得宜也。

☲☰ 離下乾上 同人。二氣同進。健而炎上。乾務上坎務下同途異致。性則合也。易曰。出門同人。又誰咎也。九二得位居中。六三積陰待應。易曰。先號咷而後笑。隔於陽位不能決勝先故曰號咷後獲合方喜也故曰後笑也八卦復位。六爻遷次。周而復始。上下不停。生生之義。易道祖也。天與火。明而健。陽道正。陰氣和也。六二居內卦中能奉於陽吉凶故象五行昭然。金木水火土配六位相生與坎爲飛伏。己亥水戊午火

昂按注文坎務下。坎當作離。離卦歸魂同人。由坎卦歸魂師卦二之初爲復上息而成卦。坎離消息相通。九二得位居中。六三積陰待應。此兩語指坎而言。同人內卦返離宮本位。六二中正得位。爲一卦之主。金火同宮而異性。此以異而同。故先號咷而後笑也。己壬納內外象。初爻己卯父母。次爻己丑上爻壬戌皆福德。三爻己亥官鬼。四爻壬午兄弟。五爻壬申財祿。午火合離。中金合乾。六爻五行全備。故京氏云。五行昭然也。初爻卯木生四爻午火。午火生次爻丑土與上爻戌土

。丑戌兩土生五爻申金。申金生三爻亥水。亥水生初爻卯木。循環不息。陸注所謂金木水火土配六位相生者也。內卦返離。由游魂訟卦內坎變成。故與坎飛伏。同於本宮離卦。注文己亥水。指同人九三爻。戊午火。指坎卦六三爻。世位水中伏火。與坎宮三世既濟卦同例。同人九三當火位而配亥水。屬坎性。坎卦六三當水位而配午火。屬離性。坎離旁通。世位其一端也。

歸魂六三公爲世，上九宗廟爲應。

昂按歸魂世位例當第三爻。應上九宗廟。三公得位。宗廟失正。亥水與戌土不能相生。

候建始丁巳至壬戌，小滿寒露

昂按游魂訟卦建候自戊午始。同人歸魂先一辰。建候九三。受氣始自丁巳。當四月中小滿。歷戊午己未庚申辛酉迄壬戌成體。當九月節寒露。戊午五月中夏至迄辛酉八月節白露。所經六節。分值方伯離卦六爻。同人下離六二建壬戌。與上九所配干支相同。

積算起壬戌至辛酉。周而復始。火土入乾離。火土二象入乾離配六宮起積算

昂按游魂訟卦積算迴至壬戌。同人積算起自壬戌。即建候終結之時也。壬戌至辛酉一周。己午火。未戌土。申酉金。火生土。土生金。京氏言火土入乾離者。祇就建候終始計之耳。

五星從位起鎮星。土星入卦定其吉凶參宿從位降己亥水。二十八宿分參宿入離歸魂配天火同人九三己亥水上

昂按鎮星土象入火宮。與二上兩爻重土相合。觜宿列西南方申金之位。與外卦乾金五爻申金相合。降九三世位己亥。以金入水。性相生也。土星金宿。與積算戌土酉金同行。九三伏戎。九四乘墉。九五大師。皆觜宿之象。（開元占經石氏曰觜觿者三軍之候也）

分氣候二十八。（起積算二十八位數巡六爻行吉凶入何位）火上見金。二氣雖同。五行相悖。六爻定位。吉凶之兆在乎五二。得時則順。失時則逆。陰陽升降。歲月分焉。爻象相盪。內外適變。八卦巡迴。歸魂復本。本靜則象生。故適離為兌。入少女。分八卦於兌象。（坎入兌宮八卦）

昂按建始丁巳陰柔。歷六辰十節。積算壬戌入九三世位己亥。氣候分數二十八。陰虛之數也。卦體內火外金。火能剋金。京氏言五行相悖者此耳。乾盡於四月巳。而離生於五月午。陰陽相錯。歲月以分。二五陰陽中正。六二當離時。九五居乾陽中。有坎氣。即當坎時。得時則順。如既濟之離二坎五也。失時則逆。如未濟之坎二離五也。順則吉。逆則凶。故吉凶之兆在乎五二。歸魂由動而靜。既復本位。又由靜而動。中男離陰二之三。五之上。成少女兌卦。離宮歸魂同人卦二三易位。上九陽變為陰。次入兌卦。（注文坎當作次）與坎宮歸魂師卦二三易位。上六陰變為陽。降入艮卦。成相對之象。

䷹ 兌下兌上 兌。積陰為澤。純金用體。畜水凝霜。陰道同也。上六陰生。與艮為合。（兌下六陰凝艮上於陽健納兌為妻）

二氣土木入兌。水火應之。二陰合體。積于西郊。秋王衡震入乾●氣類陰也。配象爲羊●物類同也●

合

與艮爲飛伏。丁未土 丙寅木

昂按民字當作艮。注文下六之下字當作上。兌純金用事●象半坎。故畜水●有坤陰●故凝霜。兌少女與艮少男二氣相合。震陽上息至二成兌●艮爲土●震爲木●二三四互離火。四變之正●外卦成坎水●京氏言土木入兌。水火應之者。此也。兌位西方●乾爲郊。在西北方。兌由坤陰入乾●故積於西郊。陸氏言秋王者。金旺於秋令也。兌與艮互爲飛伏●以少女少男對象也。內外天干皆配丁火。初爻丁巳官鬼●次爻丁卯財祿。三爻丁丑上爻丁未皆父母●四爻丁亥子孫●五爻丁酉兄弟。酉金與兌金合●上六丁未土。伏有艮卦上九丙寅木。世位中亦土木兩象相對也●

上六宗廟在世。六三三公爲應●

昂按本宮首卦世位皆在上爻●兌卦亦然●應在三爻●上六丁未應六三丁丑●雖同屬土行。而丑未相衝●三公失位。不及宗廟之得正也。

建始乙卯至庚申。春分 立秋

昂按陽宮少男艮卦後中男坎卦十二辰。建始庚寅。陰宮少女兌卦宜後中女離卦十二辰●建始庚申●受氣當七月節立秋。迄乙丑成體●當十二月中大寒●兌爲方伯卦●秋令當權。初九秋分。時屆辛酉•九二寒露•六三霜降。時屆壬戌•九四立冬•九五小雪•時屆癸亥。上六大雪•時屆甲子。每爻配半辰•由建始庚申經歷辛酉壬戌癸亥•迴轉甲子•至於乙丑•每爻配一辰•辛酉壬戌癸亥甲子•干支與半辰同。依京氏所列。則干支無相涉者矣。

積算起庚申至己未。周而復始。金土入兌宮。（金土入兌宮起積算）

昂按積算起乙丑至甲子一周。甲乙皆木。京氏以建首之庚申爲終訖•則未交兌初秋分。而卦氣已畢矣。

五星從位起太白•（太白金星入卦）參宿從位降丁未土。（二十八宿分參宿入兌上六丁未土上）

昂按太白西方金星入金宮。與九五酉金相合。參宿列於西南方申金之位•爲西方兌金七宿白虎之尾。兌列八宮之終。故參宿降上六丁未。土生金也•星宿皆金象•與卦體兌金同行•兌西方金。值秋令。主兵刑。彖傳說以犯難•民忘其死。卽參伐舉兵之象。（開元占經郄萌曰參左股亡則東方南方不可舉兵右股亡則西方北方不可舉兵）

分氣候三十六。（起宮算從三十六數起定吉凶）內卦互體見離巽。配火木入金宮。分貴賤於强弱。（火强木弱）吉凶隨爻算。歲月運氣逐休王。陰陽升降。變初九入初六。陽入陰爲坎象。正體見陽位。剛柔分。吉凶見也。適變內象入坎爲困卦。（兌內卦初九變入坎）

昂按建始庚申陽剛。經六辰中十二節。故氣候之分數三十有六。注言起宮者。從本宮兌初推之上爻世位也。互離而外。三四五兼互巽。兌爲金象。兌金遇離火。則火性强。火尅金故也。遇巽木則木性弱。金尅木故也。以兌當秋分言之。則金旺盛。木與火皆休廢也。京氏先言强弱。而後言休王。皆各有所歸耳。初爻陽居陰位。內卦兌動成坎。爲一世困卦。

☵☱ 坎下兌上 困。澤入坎險。水不通困。外柔內剛。陰道長也。陰陽不順。吉凶生也。易云。困于石。據于蒺藜。入于其宮。不見其妻。凶。上下不應。陰陽不交。二氣不合。困卦上下無應陰陽不交六三陰上六亦陰無四入九五求陽陽亦無納也五行配六位。生悔吝。四時休王。金木交爭。萬物之情在乎幾微。與坎爲飛伏。戊寅木丁巳火

昂按兌宮一世困卦由否來。與艮宮一世賁卦由泰來。泰否消息相通。困卦金水分宮。四時之中。金旺於秋而休於夏。水旺於冬而亦休於夏。外卦兌金。初爻世位寅木。金木交爭。就世位與上卦取象也。戊丁納內外象。五行配六位不缺。初爻戊寅財祿。次爻戊辰上爻丁未皆父母。三爻戊午官鬼。四爻丁亥子孫。五爻丁酉兄弟。亥水合內坎。酉金合外兌。初與四。二與五。三與上。雖皆不能正應。而初爻寅木與四爻亥水。次爻辰土與五爻酉金。三爻午火與上爻未土。皆相生也。坎在內卦。與爲飛伏。注文戊寅木。指困卦初六爻。丁巳火。指本宮兌卦初九爻。世位木中伏火。困初卽坎初。

初六元士爲世。九四諸候在應。

昂按困列兌宮一世。初六戊寅當世位。應九四丁亥。木水相生。寅與亥合。惟元士諸侯。陰陽皆宜變之正耳。

建始丙辰至辛酉。清明秋分

昂按本宮兌卦建候既宜自庚申肇始。一世困卦宜後一辰。建始辛酉。當八月中秋分。由辛酉秋分歷至甲子十一月節大雪。皆方伯兌卦主之。困卦上兌歷六辰至丙寅。當正月節立春。由甲子十一月中冬至迄丙寅正月立春。皆方伯坎卦主之。困卦下坎

積算起辛酉至庚申。周而復始。土金入坎兌。分土金入坎兌配金宮起算

昂按積算起丙寅至乙丑一周。京氏以辛酉之建始爲終訖。亦可商也。

五星從位起太陰。水宿入兌卦起算井宿從位起太陰。降戊寅二十八宿分井宿入困卦初六戊寅木

昂按注文水宿之宿字當作星。太陰北方水星入金宮。與內卦坎水九四亥水相合。井宿度數起於申金。止於未土。而爲南方火宿朱鳥之首。此火宿入金宮也。與六三午火相協。降初爻世位戊寅。則以火入木。序卦傳云。困乎上者必反下。故受之以井。井宿八星排列象井形。與井卦相合。東井主水。見開元占經黃帝占又女主之象。見開元占經汁薔懸象記何困大象傳云。澤无水。六三不見其妻。水與妻皆涉

及井宿。惟屬消象耳。

分氣候。其數二十八。二十八起宮入積算定吉凶坎象互見離火入兌。金水見運配吉凶。陰陽升降。坎入坤。陰氣凝盛。降入萃。變通入萃卦

昂按建始辛酉陰柔。經六辰十節。故氣候之數二十有八。積算內寅。不依京氏起本宮兌初。變入一世困初戊寅。以定吉凶也。二三四互離火。離互在坎上。即未濟之象。未濟亦從否來。與困卦消息相同。內卦九二變六二。坎入坤。爲二世萃卦。

☷☱坤下兌上萃。金火分氣候。土木入兌宮。升降陰氣盛。剛柔相應合。九五定羣陰。二氣悅而順。萃卦凡聚衆必愼防閑假陽爲主成萃之義伏戎必豫備丁酉金乙巳火二象刑而合也澤上於地。積陰成萃。易曰。萃者聚。吉凶生。陽氣合而悅。衆聚疑心去與坤爲飛伏。乙巳火丁卯木

昂按兌宮三世萃卦五之復二爲臨上息。即成艮宮三世大畜卦。消息旁通。萃卦坤土兌金分宮。京氏言金火分氣候。土木入兌宮。取外卦兌金與六二世位飛乙巳火。內卦坤土與六二世位伏丁卯木也。內外配天干乙丁。屬木火兩象。初爻乙未上爻丁未皆父母。次爻乙巳官鬼。三爻乙卯財祿。四爻丁亥子孫。五爻丁酉兄弟。五行全備。初上兩爻未土。與內坤合。五爻酉金與外兌合。坤在內卦。與爲飛伏。注文乙巳火。指萃卦六二爻。丁卯木。指本宮兌卦九二爻。萃二即坤二。火中

伏木當世位。

六二大夫居世。九五至尊見應。

昂按萃爲兌宮二世卦。世在次爻。應在五爻。六二配巳火。剋九五酉金。而金生於巳。大夫至尊。陰陽皆中正得位。陸氏謂二象刑而合者此也。

建始戊寅至癸未。立春 大暑

昂按一世困卦旣宜自辛酉建始。二世萃卦建候。卽宜始自壬戌。值九月節寒露。歷癸亥甲子乙丑丙寅迄丁卯。值二月中春分。壬戌寒露至甲子大雪。皆方伯兌卦當之。癸亥小雪。辟卦坤象主之。萃內坤 外兌

積算起癸未至壬午。周而復始。土木入坤兌。分土木入 兌宮起算

昂按積算起丁卯迴至丙寅一周。丙丁皆火。寅卯皆木。與世位巳火伏卯木相協。戊土寅卯木入坤兌。依京氏所列兌宮八卦建候積算之干支。萃卦亦宜建始丁巳至壬戌。小滿 寒露 積算起壬戌至辛酉。不宜配戊寅癸未與壬午。混入震宮二世解卦。注文立春大暑亦隨之而差。京氏謂金火分氣候。土木入兌宮。又言土木入坤兌。指建候寅木未土。積算午火。皆可商。

五星從位起熒惑。火星入金水 宮推吉凶也 翼宿從位降乙巳。二十八宿分翼宿 入萃六二位上

昂按熒惑當作歲星。注文火星入金水宮。當云木星入金宮。翼宿當作鬼宿。注文亦誤●歲星東方木象入金宮。與六三卯木相協●鬼宿列西南方未土之位。而爲南方離火七宿之一。此以火宿入金宮也。與六二世位巳火相合。木星火宿相生。彖辭用大牲吉。彖傳云。萃聚也●又云。觀其所聚。而天地萬物之情可見矣。大牲之象與聚觀兩象。皆鬼象也。開元占經黃帝占曰輿鬼南星積布帛石氏曰西二尺一星積金玉南宮候曰輿鬼天目也又曰其物馬牛羊虎也

分氣候二十八。積算起二十八數六爻見吉凶澤下見坤二氣順。木土人宮有愛惡。木惡土愛也陰陽升降。陽氣來止於坤。象互見艮。艮爲陽兌象納艮。陰氣強。男下女次降澤山咸卦●

昂按分氣候二十八。當作三十六。歷六辰十二節。建始壬戌陽剛。數本陽盈。二三四互艮土。三四五兼互巽木。京氏言木土人宮有愛惡。取互象則可。指誤建之寅木未土則非矣。本宮兌金剋木。故木惡之●土生金。故土愛之。內坤三動入艮●成三世咸卦。

䷞艮下兌上咸。山下有澤。虛己畜物。陽中積陰。感於物也。陽下於陰。男女之道。內外相應。感類於象也。六二待聘。九五見召。二氣交感。夫婦之道。體斯合也。易曰。咸感也。利取女吉●艮少男兌少女男下於女取婦之象與艮爲飛伏。丙申金丁丑土

昂按兌宮三世咸卦從否來。與艮宮三世損卦從泰來。泰否消息相通，咸由艮土兌金分宮●二五陰

陽皆中正得位。六二陰道。而內艮爲陽。九五陽道。而外兌爲陰。男在下。女在上。待聘本屬兌陰。詳揲著周易虞氏學內外天干納丙丁火象。初爻丙辰上爻丁未皆父母。次爻丙午官鬼。三爻丙申五爻丁酉皆兄弟。四爻丁亥子孫。初上兩爻重土合內艮。五爻酉金合外兌。艮在內卦。與爲飛伏。注文丙申金。指咸卦九三爻。丁丑土。指本宮兌卦六三爻。金中伏土。與卦體艮土兌金相合。咸三卽艮三。此就世位推之耳。五行缺木。而建候有寅卯兩木。就六爻所缺之木推之本宮。則咸卦六二丙午官鬼之中。伏有兌卦九二丁卯財祿也。

九三三公居世。上六宗廟爲應。

昂按咸爲兌宮三世卦。世位當三爻。應在上爻。三公宗廟。陰陽皆得位。九三丙申應上六丁未。金土相生。與內卦艮土外卦兌金及飛伏金土皆相合。

建始戊午至癸亥。芒種小雪

昂按二世萃卦既宜建始壬戌。咸三世卽宜建始癸亥。值十月中小雪。方伯兌卦九五當之咸兌在上迄戊辰。值三月節清明。

積算起癸亥至壬戌。周而復始。火土入艮兌。分火土象入艮兌也

昂按積算起戊辰迴至丁卯一周。京氏以建始之癸亥爲終訖。而建候實水土入艮兌。積算加之以卯

木也。

五星從位起熒惑。（火星南方入金宮）柳宿從位降丙申。（二十八宿分柳宿入咸九三丙申金爻上）

昂按熒惑南方火星入金宮。與次爻午火相合。柳宿度數起於未土。止於午火。爲南方離火七宿之一。星宿皆火象。與內卦艮土相生。外卦兌金相剋。降九三世位丙申。當內卦艮土陽位。而所配爲申金。生之中又有剋也。

分氣候三十六。（積算起數分三十六位起吉凶）十上見金。母子氣合。陰陽相應。剛柔定位。吉凶隨爻。受氣。出則吉。刑則凶。陰陽等降入外險止於內象。爲山水蹇卦。（九四爻之入陰中剛）

昂按三十六當作二十八。注文亦誤。建始癸亥陰柔。六辰歷十節。故氣候分數陰虛。受氣從建始起。各卦皆然。始受氣而終成體。此例於坎宮既濟卦發之矣。京氏言刑則凶。六爻中午酉亥與建候午酉亥自相刑也。九四變爲六四。兌變入坎。成四世蹇卦。

☶☵（艮下坎上）蹇。利於西南。民道通也。水在山上。蹇險難進。陰陽二氣否也。陰待於陽。柔道牽也。險而逆止。陽固陰長。處能竭至誠。於物爲合。蹇道亨也。易曰。王臣蹇蹇。匪躬之故。六二與坎爲飛伏。（戊申金丁亥水）

昂按民字當作艮。處字衍。兌宮四世蹇卦☱之復二爲臨上息。即成艮宮四世睽卦。消息旁通。利蹇蹇由水土分宮（西南說詳拙著周易虞氏學）。內艮外坎皆陽體。而蹇屬陰虛之卦。內外配丙戊二象。初爻丙辰五爻戊戌皆父母。次爻丙午官鬼。三爻丙申四爻戊申皆兄弟。上爻戊子福德。初五兩爻重土。與內艮合。上爻子水與外坎合。坎在上卦。與爲飛伏。注文戊申金。指蹇卦六四爻。丁亥水。指本宮兌卦九四爻。蹇四即坎四。金中伏水當世位。五行缺木。兌卦九二丁卯財祿。伏蹇卦六二丙午官鬼之中。建候亦有寅卯兩木也。

六四諸侯居世。初六元士在應。

昂按蹇卦居兌宮第四世。四爻當世位。應在初爻。諸侯得位。六四申金應初六辰土。雖有生無剋。而元士以陰爻居陽位。未能得正也。

建始己未至甲子。（大暑 大寒）

昂按三世咸卦建候。既宜從癸亥始，蹇卦四世即宜自甲子建始。當十一月節大雪。注文大寒當作大雪。迄於己巳。當四月中小滿。與乾卦同例。中間歷冬至至丁卯驚蟄。皆方伯坎卦主之。蹇坎在上

積算起甲子至癸亥。周而復始。土水入坎艮。（水土二象入艮 配金宮起算）

昂按積算起己巳迴至戊辰一周。戊己皆土。與外卦天干納戊土相合。京氏以建始之甲子爲終結。積算亦隨之而差矣。

五星從位起鎮星。土星入金宮星宿從位降戊申。二十八宿分星宿入蹇六四戊申金上
昴按鎮星土象入金宮。與內卦艮土初五兩爻重土相合。星宿列南方午火離位之中樞。火宿入金宮。與次爻午火相合。降六四戊申。亦以火入金也。土星火宿。與積算巳火辰土同行。積算不依京氏

分氣候。其數三十六。積算起數三十六從六位五行土上見水。柔而和。此五行相推。二氣合。取象則陰陽相背也。九五適變入坤宮。宮比得朋。陰氣合也。外卦九五變入坤內見艮故曰得朋也將入謙卦取象坎降入地山謙。
昴按坎字當作次。建候甲子陽剛。六辰歷十二節。氣候三十有六。陽數也。初爻辰土生四爻申金。次爻午火生五爻戌土。三爻申金生上爻子水。故云。五行相推。二氣合也。艮坎皆陽體。而山水陰陽對象。水在山上。故云取象則陰陽相背也。九五變爲六五。坎動成坤。爲五世謙卦。

䷎艮下坤上謙。六位謙順。四象無凶。一陽居內卦之上。爲謙之主。易曰。謙謙君子。利涉大川。陰陽不爭。處位謙柔。陰中見陽。止順於謙。有無之位。上下皆通。易曰。撝謙。無不順也。與坤爲飛伏。癸亥水丁酉金
昴按兌宮五世謙卦三之初爲復上息。卽成艮宮五世履卦。消息旁通。謙由剝上乾陽反三。爲一卦之主。以剛濟柔。艮止坤順。六爻皆吉。故四象無凶。二三四互坎爲大川。有利涉之象。京傳引易利涉大川今易利作用內癸配內外象。初爻內辰四爻癸丑皆父母。次爻丙午官鬼。三爻內申上爻癸酉皆兄弟。

五爻癸亥子孫。卦體內艮外坤。同屬土象。初四兩爻重土。與卦體合。坤在外卦。世位水金飛伏。謙五即坤五。注文癸亥水。指謙卦六五爻。丁酉金。指本宮兌卦九五爻。五行缺木。建候有寅卯兩木。就兌卦推其所闕。則九二丁卯財祿。伏謙卦六二丙午之中。

六位居世。大夫在應。

昂按六位之位當作五。謙卦列兌宮第五世。五爻當世位。應在次爻。大夫得正。而至尊失位。變之正則吉。六五癸亥應六二丙午。水火相剋亦相胎也。

建始庚申至乙丑。立秋大寒

昂按本宮兌卦建候迄於乙丑。不依京氏謙卦五世即宜建始乙丑。當十二月中大寒。迄於庚午。當五月節芒種。

積算起乙丑至甲子。周而復始。金土入坤艮。金土二象入兌宮起算也

昂按積算庚午迴至己巳一周。巳午皆火。與卦體坤艮兩土相生。至以建始之乙丑作終結。則京氏之見也。

五星從位起太白。太白金星入兌宮卦張宿從位降癸亥。二十八宿分張宿入謙六五癸亥水上

昂按太白西方金星入金宮純土之卦。與三上兩爻重金相合。張宿度數起於南方離火。止於東南方

巳火。爲火德七宿之一。與次爻午火相合。降六五癸亥世位。以火入水。水火互相胎也。大象傳稱物平施。卽張宿之象。開元占經黃帝占曰張主帝之珠玉寶物分氣候二十八。積算起數二十八位坤在艮上。順而止。五行入位。象謙柔。吉凶隨爻適變陰陽升降。至六五位 返入游魂。變歸六四。巽六四一爻入陽也八卦相雜。四象分也。次降入雷山小過卦。

昂按六辰中歷十節。建始乙丑陰柔。其數陰虛。故氣候分數二十有八。外坤六五由坎變而極。極則必返。六四陰動成陽。坤變震。入游魂小過卦。

☳☶艮下震上小過。六四適變。血脈通也。陽入陰。陰入陽。二氣降內外象。上下返應。二剛相適。九三九四土木入卦。分於二象。內艮外震雷處高山。亢之極也。內柔無正性。危及於外 易曰。飛鳥遺之音。不宜上宜下。與坤爲飛伏。庚午火癸丑土

昂按返應之返當作反。兌宮之魂。游歸在震。小過游魂。震居外卦。歸魂歸妹上震同例。與震宮游歸兩魂外卦皆兌。可互參也。小過由晉來。與艮宮游魂中孚由訟來。消息通於臨觀遯大壯。而涉及泰否。周易虞氏消息可參考艮土震木。分宮成體。有飛鳥之象。飛古通作非。非字象兩翼展開形。小過卦象似之。下卦六二中正。上卦六五失正。故不宜上宜下。不特如虞氏所謂下陰順陽。上陰乘陽而已也。內外納丙庚二象。初爻丙辰上爻庚戌皆父母。次爻丙午四爻庚午皆官鬼。三爻丙申五

爻庚申皆兄弟。初上兩爻重土。與內卦艮土合。五行缺水與木。而外卦有震木。建候中有亥水。九三建候當乙亥卦位有水星。卦由五世謙卦外坤六四返魂入九四。故與坤飛伏。例同謙卦。注文庚午火。指小過九四爻。癸丑土。指坤卦六四爻。火中伏土當世位。與坤宮四世卦大壯例同。就其所闕水木。推之本宮兌卦。九二丁卯財祿。九四丁亥子孫。伏小過二四兩爻之中。

反歸九四。諸侯立世。元士見應。

昂按游魂卦世位在第四爻。世位午火生於外卦震木。而生內卦艮土。四爻應在初爻。九四庚午與初六丙辰。火土雖相生。而諸侯元士皆失正。易位適變。則得正而吉。火土與飛伏同行。

建始乙丑至庚午。大寒芒種

昂按五世謙卦建候。既宜肇始乙丑。小過由謙卦六四化成游魂。建候九四後五辰。卽宜建始庚午。方伯震卦上六主之。小過上震庚午與原爻所配干支適相符合。當五月節芒種。迄於乙亥。當十月中小雪。建候與乾宮一世姤卦同例。

積算起庚午至己巳。周而復始。土火入震艮。外土火二象入兌宮

昂按積算起乙亥。迴至甲戌一周。甲乙皆木。與外卦震木相協。京氏以建始之庚午爲終結。積算亦異矣。

五星從位起太陰。水星入卦游魂翼宿從位降庚午。二十八宿分翼宿入兌宮游魂小過卦九四庚午火上

昂按西方太陰水星入金宮。翼宿列東南方巳火之位。而爲南方午火七宿之一。降九四庚午。以火入火也。水星火宿相胎。與建候午火亥水同行。不依京氏翼宿二十二星排列象翼形。小過飛烏之象。即翼宿象。

分氣候三十六、積算三十六數六位吉凶木下見土。二陽畜陰。六位相刑。吉位生也。上升下。陰陽反應。各私其黨。六爻適變。陰道悖也。升降進退　其道同也。之艮入兌。陰納與陽也。反復其位。次降入歸魂雷澤歸妹卦。

昂按吉位之位字當作凶。上升下三字下脫降字。之字當作變。六爻歷十二節。建始庚午陽剛。其數陽盈。故氣候分數三十有六。六位中五行惟次爻午火剋五爻申金。初與四。三與上。皆有生無剋。京氏言六位相刑。不盡然也。下艮上震。皆陽剛之體。初六以陰居陽。九四以陽居陰。四與初應相反。此外失正而不宜於應者祇六五耳。震長男。艮少男。雖同秉乾父之氣。卦由下生。而先艮後震爲逆生。故卦象有相背之勢。相背則各自營私矣。內卦九三變爲六三。初二隨之變易。兌體既復。成歸魂歸妹卦。

䷵ 兌下震上歸妹。陰復於本。悅動於外。二氣不交。故曰歸妹。歸者嫁也互見離坎。同於未濟。適陽從陰

。剛從外至。九四至剛。六三悅柔。返無其應 凶並羊 涉卦之終。長何吉也。與艮爲飛伏。丁丑土丙申金

昂按凶並羊當作吉凶並詳。兌宮歸魂歸妹由泰來。與艮宮歸魂漸卦由否來。泰否消息相通。歸妹內卦返入兌宮本位。兌金震木。陰下陽上。故二氣不交。二三四互離在下。三四五互坎在上。火炎上而居下。水潤下而居上。本互成濟相交之象。既濟亦由泰反否。與歸妹同例。泰則相交。反否則不相交。京氏謂同於未濟者。以二三半坎 四五半離 爻位皆失正。與未濟相同也。六三陰柔失正。不能應上。九四陽剛失正。不能應初。二五陰陽亦皆失正。不能相應。不特三四無應也。丁庚配內外象。初爻丁巳四爻庚午皆官鬼。次爻丁卯財祿。三爻丁丑上爻庚戌皆父母。五爻庚申兄弟。卯木與外震合。申金與內兌合。內卦返兌。從游魂小過內艮變來。故與艮飛伏。同於本宮兌卦。注文丁丑土。指歸妹六三爻。丙申金。指艮卦九三爻。世位土中伏金。與艮宮三世損卦例同。五行缺水。建候亦然。就其所闕推本宮兌卦。九三丁亥子孫。伏歸妹六三丁丑父母之中。

三公歸魂之世。上六宗廟見應。

昂按歸魂世當第三爻。應在上爻。六三丁丑應上六庚戌。兩土雖相比。而三公失正。未變則不吉也。

建始甲子至己巳。大雪小滿

昂按游魂小過建候既宜自庚午起。歸魂歸妹即宜先一辰建始己巳。卦體內兌外震。己巳受氣。值四月中小滿。方伯震卦六五當之。迄甲戌成體。值九月節寒露。方伯兌卦九二當之。九四節候建庚午。與原爻所配干支相符。

積算起己巳至戊辰。周而復始。水土入震兌。分水土二象入兌宮

昂按積算起甲戌迴至癸酉一周。戊土酉金。與飛伏土金同行。京氏建候。仍以始爲終。干支殊異。

五星從位起歲星。木星東方入兌宮歸魂軫宿從位降丁丑土。二十八宿分軫宿入兌歸魂六三丁丑土上分吉凶起算

昂按歲星東方木象入金宮。與外卦震木次爻卯木相合。軫宿度數起於東南方巳位。止於辰位。而爲南方午火七宿之一。與初四兩爻巳午重火相合。降六三爻丁丑。以火入土。有相生之道。雜卦傳歸妹女之終也。八宮六十四卦亦至歸妹而終。軫宿居南方七宿之終。爲朱鳥之尾。故軫宿降入。適當終結之際。軫宿主樂府歌謳之事。文獻通考引甘氏說又主車駕。文獻通考引張衡說琴瑟之和。百兩之御。皆歸妹徵象也。

分氣候三十八。積算起三十八數六位推五行數吉凶雷居澤上。剛氣亢盛。陰陽不合。進退危也。震長男兌少女少女匹長男氣非合也

吉凶在上六。處於動極。適變位定時。不可易之道也。五行考象。非合斯義。陰陽運動。適當何爻。或陰或陽。或柔或剛。升降六位。非取一也。兌歸魂配六十四卦之終也

昂按三十八當作二十八。注文亦誤。建始己巳陰柔。六辰中經十節。其數陰虛。故氣候分數二十有八。兌陰在下卦而不上交。震陽在上卦而不下交。不僅男女長少之不合也。八宮六十四卦雖以兌終。而終非止也。終而復始。易之道在此。三五上陰變爲陽。迴轉成乾卦。此與陽宮終止之卦。艮宮漸卦三五上陽變爲陰。降入坤卦。其例相同。

京氏易傳箋

京氏易傳箋卷三

南通徐　昂著

京氏學歸納引言

昂既箋釋八宮六十四卦。凡五行干支親屬。京氏發凡以起例者。多爲之推演。其所未及者。如陰宮殿末兌卦與陽宮冠首乾卦循環之類。亦闡發而弗敢隱也。箋卦既竟。復爲之歸納。八宮世魂飛伏建候積算星宿節候干支五行。會歸通貫。爲表以揭之。或統計。或對照。或別其異同。至於游魂歸魂之始卦。京氏亦未之言也。京傳下卷衹總論一篇。擇要援引。以資佐證。學者能即是舉一而反三。其或有當與。徐昂識。

八宮世魂

八卦各主一宮。自初爻變至第五爻。五世以成。四返爲游魂。三復爲歸魂。上爻宗廟雖不變。而推究陰陽之窮極。乾宮五世剝卦消陽至極則成坤。坤宮五世夬卦決陰至極則成乾。震宮五世井卦上爻入陽則成巽。巽宮五世噬嗑上爻入陰則成震。坎宮五世豐卦上爻入陽則成離。離宮五世渙卦上爻入陰則成坎。艮宮五世履卦上爻入陰則成兌。兌宮五世謙卦上爻入陽則成艮。故乾本坤宮六世。坤本乾宮六世。震本巽宮六世。巽本震宮六世。坎本離宮六世。離本坎宮六世。艮本兌宮六世。兌本艮宮六世。而此八卦各爲一宮之主。散開獨立。其陰陽變北終始之理固無往而不貫也。乾魂遊歸在離。離魂遊歸在乾。坤魂遊歸在坎。坎魂遊歸在坤。故乾坤坎離互爲遊歸。震魂遊歸在兌。兌魂遊歸在震。巽魂遊歸在艮。艮魂遊歸在巽。故震巽艮兌互爲遊歸。總之陽卦遊歸在陰卦。陰卦遊歸在陽卦。陰陽錯綜而已。

八宮世數從初爻變起。至五而止。本宮以上爻爲世。上爻當宗廟之位。終始不變。第四爻來復而成遊魂。四復而後三復。以至於初爲歸魂。故遊魂在四。歸魂在三。歸魂之卦。第五爻不復。乾遊魂在晉而始於豫。歸魂在大有而始於謙。坤遊魂在需而始於小畜。歸魂在比而始於履。震遊魂在大過而始於遯。歸魂在隨而始於渙。巽遊魂在頤而始於復。歸魂在蠱而始於豐。坎遊魂在明夷而始於賁。歸魂在師而始於噬嗑。離遊魂在訟而始於困。歸魂在同人而始於井。艮遊魂在中孚而始於節。歸魂在漸而始於夬。兌遊魂在小過而始於旅。歸魂在歸妹而始於剝。遊魂之始。卦皆位一世。歸魂之始。卦皆位五世。游魂晉明夷兩卦。大過頤兩卦。中孚小過兩卦 需訟兩卦。卦序各相比次。歸魂大有同人兩卦。隨蠱兩卦。師比兩卦。漸歸妹兩卦。卦序亦各相次也。游歸兩魂之始卦。卦序相次者。如豫謙兩卦。賁噬嗑兩卦。小畜履兩卦。困井兩卦皆是。此卦游魂之始與彼卦歸魂之始。卦序相次者。如姤夬兩卦。節渙兩卦。復剝兩卦。旅豐兩卦皆是。除小畜履兩卦困井兩卦外。多前一卦為歸魂之始。後一卦為游魂之始。如卦序豫次謙後。而豫為游魂之始在前。謙為歸魂之始在後是也。

八宮世魂表

歸魂	游魂	五世	四世	三世	二世	一世	本宮
大有	晉	剝	觀	否	遯	姤	乾
隨	大過	井	升	恆	解	豫	震
師	明夷	豐	革	既濟	屯	節	坎
漸	中孚	履	睽	損	大畜	賁	艮
比	需	夬	大壯	泰	臨	復	坤
蠱	頤	噬嗑	无妄	益	家人	小畜	巽
同人	訟	渙	蒙	未濟	鼎	旅	離
歸妹	小過	謙	蹇	咸	萃	困	兌

八宮之卦。各自為類。而每宮歸魂卦後接入他宮首卦。變化亦有定則。乾宮歸魂大有降入震卦。坤

宮歸魂比卦降入巽卦。皆二三上變爻。震宮歸魂隨卦降入坎卦。巽宮歸魂蠱卦降入離卦。皆四變。初二易位。坎宮歸魂師卦降入艮卦。離宮歸魂同人降入兌卦。皆上變。二三易位。艮宮歸魂漸卦降入坤卦。兌宮歸魂歸妹卦迴轉乾卦。皆三五上變爻。凡變化同例者。陰陽兩象皆相對待。由是可悟陰陽變易之道。其偶對交互。自有定數與妙理寓焉。八宮至兌而極。極則必反。迴至乾卦。循環變易。非成直線。乃圓周形也。宮本有九。坎居一宮。離居九宮。震居三宮。兌居七宮。坤居二宮。艮居八宮。乾居六宮。巽居四宮。第五宮空虛位中。運行四方。而寄於二宮。蓋中央之土附麗坤土也。

五行

洪範九疇。首列五行。有生卽有剋。水生木。木生火。火生土。土生金。金生水。水再生木。循環不息。水剋火。火剋金。金剋木。木剋土。土剋水。水又剋火。亦相循不已也。京氏言生剋。祇於乾宮晉卦及之。巽宮无妄卦。京氏言上金下木二象相衝。所謂衝者。剋在其中矣。初四兩爻子午衝。二五兩爻寅申衝。三上兩爻辰戌衝。子午水剋火。寅申金剋木。離宮同人卦。京氏言五行相悖。悖卽是剋。內卦離火剋外卦乾金也。八卦乾震坎艮坤巽離兌。六爻皆相衝。震卦六爻地支同乾。无妄內震外乾。故六爻相衝。坤宮大壯卦內乾外震。衝例相同。反此而六爻相合者。惟內外二象乾坤。或坤震。或坎兌。或離艮。皆陰陽相重之卦。如否泰豫復節困賁旅等卦是也。京氏於離宮未濟卦言受刑見害。蓋不但內卦坎子外卦離午之相衝。六爻中亦有刑害也。（詳未濟卦箋）兌宮咸小過兩卦，京氏亦皆言刑。此偶發以見例耳。五行盛則旺。衰則休。旺起於相生。休由於相剋。土旺四季而休於春。木旺於春而休於秋。火旺於夏而休於冬。金旺於秋而休於夏。水旺於冬而亦休於夏。京氏於艮宮履卦言休王相破。巽宮益卦言休廢旺生。離宮本卦亦言休廢。兌宮本卦與一世困卦亦皆言休王。皆與五行之生剋相關也。離宮蒙卦陸注王廢之說。亦承京傳。京傳下卷云。寅中有生火。亥中有生木。巳中有生金。申中有生水。丑中有死金。戌中有死火。未中有死木。辰中有死水。土兼於中。昂按火長生在寅而死於酉。墓在戌也。木長生在亥而死於午。墓在未也。金長生在巳而死於子。墓在丑也。水長生在申而死於卯。墓在辰也。土居中央。而通於四時。其生死則與水同位。以五行起於子水也。火本剋金。而金生於巳火。土本生金。而金死於丑土。生剋之不可測也如此。京氏於離宮渙卦言生死。以時與位對待。又云。遇王則吉。廢則凶。衝則破。刑則敗。死則危。生則榮。（見下卷）說可參攷。

卦中六爻五行有缺。而飛伏（指陸注）建候積算星宿所配五行。皆無足以彌其缺者。則惟有求本宮首卦所當之爻。如乾宮晉卦兌宮歸妹卦皆缺水。震宮隨卦坎宮屯卦坤宮夬卦皆缺火。飛伏建候積算星宿亦無水與火也。

八宮六十四卦五行統計表

卦名＼五行	卦體	飛伏	世應	建候	積算	星宿
乾	金	土金	土	水火	火土	土金
姤	木金	土水	土火	火水	水土	金火
遯	土金	火木	火金	土水	水	水火
否	土金	木土	木土	金土	土水	木火
觀	土木	土火	土	金木	木土	火
剝	土	水金	水火	土木	木	土火
晉	土火	金土	金土	木金	金土	金火
大有	金火	土木	土火	木土	土火	水火
震	木	土木	土	水火	火土	木
豫	土木	土水	土火	土火	火	火木
解	水木	土木	土金	木土	土火	土木
恆	木	金土	金土	木金	金土	金木
升	木土	土火	土	土金	金	水木
井	木水	土金	土水	火土	土金	木
大過	木金	水金	水土	土木	木	火木
隨	木金	土金	土	金木	木土	土水

坎	水	水火	水火	木土	土火	金水
節	金水	火木	火金	金土	土水	水
屯	木水	木土	木土	金木	木土	木水
既濟	火水	水火	水	土木	木	火水
革	火金	水金	水木	水土	土木	土水
豐	火木	金土	金土	水火	火土	金水
明夷	火土	土火	土木	火土	土金	水金
師	水土	火水	火金	土金	金	木金
艮	土	木土	木金	木土	土火	火金
賁	火土	木土	木土	木金	金土	土金
大畜	金土	木火	木水	土金	金	金
損	金土	土金	土木	火土	土金	水金

睽	金火	金土	土木	火水	水土	木金
履	金	金水	金火	土水	水	火
中孚	金木	土火	土火	水火	火土	土火
漸	土木	金土	金木	水土	土木	金火
坤	土	金土	金木	火水	水土	水火
復	木土	水土	水土	土水	水	木火
臨	金土	木火	木水	金土	土水	火
泰	金土	土木	土金	金木	木土	土火
大壯	金木	火土	火水	土木	木	金木
夬	金	金水	金木	水土	土木	水木
需	金水	金水	金水	土金	金	木
比	土水	木土	木水	木金	金土	火木

巽	小畜	家人	益	无妄	噬嗑	頤	蠱	離	旅	鼎	未濟
木	金木	火木	木	木金	木火	木土	木土	火	土火	木火	水火
木土	水土	土水	土金	火土	火土	土金	金土	火水	土木	水土	火水
木金	水土	土火	土木	火水	土木	土水	金木	火水	土金	水土	火
火水	土水	金土	金木	土木	水土	土金	木金	金土	金木	土木	水土
水土	水	土水	木土	木	土木	金	金土	土水	木土	木	土木
土木	金木	水木	木水	火水	土水	金水	水	木水	火水	土金	金

蒙	渙	訟	同人	兌	困	萃	咸	蹇	謙	小過	歸妹
水土	水木	水金	火金	金	水金	土金	土金	土水	土	土木	金木
土金	火土	火土	水火	土木	木火	火木	金土	金水	水金	火土	土金
土木	火土	火木	水土	土	木水	火金	金土	金土	水火	火土	土
水火	土火	火水	火土	金土	金木	土木	水土	水火	土火	火水	火土
火土	火	水土	土金	土水	木土	木	土木	火土	火	水土	土金
水金	木金	火金	土金	金	水火	木火	火	土火	金火	水火	木火

五行相同分證

卦體飛伏五行同

離宮未濟卦內卦坎水。外卦離火。六三飛戊午火。伏離卦九三己亥水。

卦體世應五行同

艮宮睽卦內卦兌金。外卦離火。九四己酉金。應初九丁巳火。

卦體建候五行同

震宮隨卦內卦震木。外卦兌金。建始乙酉金。迄庚寅木。

艮宮大畜卦內卦乾金。外卦艮土。建始壬辰土。迄丁酉金。

坤宮臨卦內卦兌金。外卦坤土。建始丙申金。迄辛丑土。

卦體積算五行同

乾宮觀卦內卦坤土。外卦巽木。積算戊寅木。至丁丑土。

艮宮漸卦內卦艮土。外卦巽木。積算甲辰土。至癸卯木。

卦體星宿五行同

坤宮大壯卦內卦乾金。外卦震木。太白金星入卦。角木宿降世爻。

震卦木。歲木星入卦。角木宿降世爻。兌卦金。太白金星入卦。參金宿降世爻。亦屬是類。

卦體飛伏世應五行同

坤宮需卦內卦乾金。外卦坎水。六四飛戊申金。伏兌卦九四丁亥水。六四戊申金。應初九甲子水。

兌宮咸卦內卦艮土。外卦兌金。九三飛丙申金。伏兌卦六三丁丑土。九三丙申金。應上六丁未土。

卦體飛伏建候五行同

坎宮明夷卦內卦離火。外卦坤土。六四飛癸丑土。伏震卦九四庚午火。建始癸巳火。迄戊戌土。

卦體飛伏積算五行同

艮宮損卦內卦兌金。外卦艮土。六三飛丁丑土。伏艮卦九三丙申金。積算戊戌土。至丁酉金。

卦體飛伏星宿五行同

坎宮既濟卦內卦離火。外卦坎水。九三飛己亥水。伏坎卦六三戊午火。熒惑火星入卦。危水宿降世爻。

飛伏世應五行同

坎卦。上六飛戊子水。伏離卦上九己巳火。上六戊子水。應六三戊午火。

坎宮豐卦。六五飛庚申金。伏坎卦九五戊戌土。六五庚申金。應六二己丑土。

離卦。上九飛己巳火。伏坎卦上六戊子水。上六己巳火。應九三己亥水。

離宮鼎卦。九二飛辛亥水。伏離卦六二己丑土。九二辛亥水。應六五己未土。

飛伏建候五行同

艮卦。上九飛丙寅木。伏兌卦上六丁未土。建始庚寅木。至乙未土。

巽宮頤卦。六四飛丙戌土。伏離卦九四己酉金。建始丙辰土。至辛酉金。建候不依京氏

飛伏積算五行同

乾宮姤卦初六飛辛丑土。伏乾卦初九甲子水。積算起乙亥水。至甲戌土。

震宮井卦九五飛戊戌土。伏震卦六五庚申金。積算起丙戌土。至乙酉金。

巽宮家人卦六二飛己丑土。伏巽卦九二辛亥水。積算起癸丑土。至壬子水。積算不依京氏

離宮旅卦六飛丙辰土。伏離卦初九己卯木。積算起甲寅木。至癸丑土。

兌宮歸妹卦六三飛丁丑土。伏艮卦九三丙申金。積算起甲戌土。至癸酉金。積算不依京氏

飛伏星宿五行同

乾卦上九飛壬戌土。伏坤卦上六癸酉金。鎮土星入卦。參金宿降世爻。

巽卦上九飛辛卯木。伏震卦上六庚戌土。鎮土星入卦。心木宿降世爻。

飛伏世應建候五行同

坤宮復卦初九飛庚子水。伏坤卦初六乙未土。初九庚子水。應六四癸丑土。建始乙未土。至庚子水。飛伏建候地支同

巽宮小畜卦初九飛甲子水。伏巽卦初六辛丑土。初九甲子水。應六四辛未土。建始丁未土。至壬子水。世應建候地支同 建始不依京氏

離宮渙卦九五飛辛巳火。伏離卦六五己未土。九五辛巳火。應九二戊辰土。建始癸丑土。至戊午火。

飛伏世應積算五行同

乾宮晉卦九四飛己酉金。伏艮卦六四丙戌土。九四己酉金。應初六乙未土。積算起甲申金。至癸未土。

飛伏世應積算星宿五行同

艮宮中孚卦六四飛辛未土。伏乾卦九四壬午火。六四辛未土。應初九丁巳火。積算起乙巳火。至甲辰土。鎮土星入卦。鬼火宿降世爻。

飛伏建候星宿五行同

震宮解卦九二飛戊辰土。伏震卦六二庚寅木。建始戊寅木。至癸未土。鎮土星入卦。氐木宿降世爻。

世應建候五行同

震宮豫卦初六乙未土。應九四庚午火。建始丁丑土。至壬午火。

世應積算五行同

巽宮益卦六三庚辰土。應上九辛卯木。積算起甲寅木。至癸丑土。積算不依京氏

建候星宿五行同

坎宮革卦建始丁亥水。至壬辰土。鎮土星入卦。室水宿降世爻。

坤卦建始甲午火。至己亥水。太陰水星入卦。星火宿降世爻。

積算星宿五行同

離宮同人卦積算起壬戌土。至辛酉金。鎮土星入卦。觜金宿降世爻。

兌宮蹇卦積算起己巳火。至戊辰土。鎮土星入卦。星火宿降世爻。積算不依京氏

卦體世應五行同飛伏積算五行同

坤宮泰卦內卦乾金。外卦坤土。九三甲辰土。應上六癸酉金。　九三飛甲辰土。伏坤卦六三乙卯木

。積算起壬寅木。至辛丑土。

卦體建候五行同飛伏世應五行同

乾宮否卦內卦坤土。外卦乾金。建始壬申金。至丁丑土。　六三飛乙卯木。伏乾卦九三甲辰土。六三乙卯木。應上九壬戌土。

卦體星宿五行同飛伏世應積算五行同

坎宮屯卦內卦震木。外卦坎水。歲木星入卦。虛水宿降世爻。　六二飛庚寅木。伏坎卦九二戊辰土。六二庚寅木。應九五戊戌土。積算起庚寅木。至己丑土。

飛伏世應五行同建候星宿五行同

兌宮小過卦九四飛庚午火。伏坤卦六四癸丑土。九四庚午火。應初六丙辰土。　建始庚午火。至乙亥水。不依京氏太陰水星入卦。翼火宿降世爻。

飛伏世應積算五行同建候星宿五行同

震宮恒卦九三飛辛酉金。伏震卦六三庚辰土。九三辛酉金。應上六庚戌土。積算起甲申金。至癸未土。　建始己卯木。至甲申金。太白金星入卦。房木宿降世爻。

飛伏世應五行同積算星宿五行同

艮宮賁卦初九飛己卯木。伏艮卦初六丙辰土。初九己卯木。應六四丙戌土。積算起丙申金。至乙未土。鎮土星入卦。昴金宿降世爻。

飛伏建候五行同世應積算五行同

乾宮大有卦九三飛甲辰土。伏坤卦六三乙卯木。建始戊寅木。至癸未土。九三甲辰土。應上九己巳火。積算癸未土。至壬午火。

飛伏積算五行同世應建候五行同

巽宮蠱卦九三飛辛酉金。伏震卦六三庚辰土。積算起庚申金。至己未土。積算不依京氏 九三辛酉金。應上九丙寅木。建始乙卯木。迄庚申金。建候不依京氏

世應積算五行同建候星宿五行同

巽宮噬嗑卦六五己未土。應六二庚寅木。積算起丙辰土。至乙卯木。積算不依京氏 建始辛亥水。至丙辰土。不依京氏 鎮土星入卦。女水宿降世爻。

干支

卦由陰陽剖判而生。故六爻配干支。取天地相合爲用。天干乾納甲。坤納乙。艮納丙。兌納丁。坎納戊。離納己。震納庚。巽納辛。八卦既終。循環復始。乾又納壬。坤又納癸。乾坤各納兩干。故

別內外。乾甲納內卦。壬納外卦。坤乙納內卦。癸納外卦。乾坤父母。尊貴獨異。六子諸卦。則內外皆納一干。地支配合分內外卦。乾內卦納子。由子而寅而辰。外卦納午。由午而申而戌。震爲長子。納支同乾。坤宮四世大壯卦下乾上震。巽宮四世无妄卦下震上乾。故六爻所納地支子寅辰午申戌。與乾震同也。乾始於十一月子。故初九從子起。坤始於五月午。因避衝而退一辰貞於未。故初六從未起。內卦由未而巳而卯。外卦納丑。由丑而亥而酉。乾內納子而外納午。坤內不納丑而納未。外不納未而納丑。卦由下生。乾六爻由子至戌。縱則順推而上。橫則左行。坤六爻由未至酉。縱則逆溯而上。橫則右行。此陰陽錯綜之道。震長子同乾。巽長女則不同坤。內卦納丑。外卦納未。此亦陰陽之異者也。坎內卦納寅。由是而辰而午。外卦納申。由是而戌而子。離內卦納卯。由是而丑而亥。外卦納酉。由是而未而巳。艮內卦納辰。推之午申。外卦納戌。推之子寅。兌內卦納巳。推之卯丑。外卦納亥。推之酉未。綜而計之。八卦主乾坤。乾卦由初爻至上爻。爲子寅辰午申戌。震卦同乾。坎卦從上爻迴轉初爻至第五爻。艮卦由第五爻至上爻。再迴轉初爻至第四爻。皆乾之子寅辰午申戌也。坤卦由初爻至上爻爲未巳卯丑亥酉。巽卦由第四爻至上爻。再迴轉初爻至第三爻。離卦由第五爻至上爻。再迴轉初爻至第四爻。兌卦由上爻迴轉初爻至第五爻。皆坤之未巳卯丑亥酉也。坎子在上。艮子在五。巽未在四。離未在五。兌未在上。陽降而陰升。降則反下。與乾初有接近之勢。升之上爻。極則復初。與坤初衝接。此配置變化之妙用。每宮一世至三世。外卦未變。干支親屬與本宮首卦之外卦相同。而內卦各異。四世至游魂。內卦已變定。干支親屬與三世相同。而外卦各殊。歸魂干支親屬。則內卦同本宮首卦。外卦同游魂。內外卦所配地支相同者。惟乾宮四世觀卦。內外地官皆納未巳卯。震宮四世升卦。內外地官皆納丑亥酉耳。

六合之卦。六爻地支皆相合。六衝之卦。六爻地支皆相衝。八宮首卦乾震坎艮坤巽離兌。五行雖全備。而初與四。二與五。三與上。地支皆相衝。各宮一世卦。除乾宮姤卦巽宮小畜卦外。如震宮一世豫卦、坎宮一世節卦。艮宮一世賁卦。坤宮一世復卦。離宮一世旅卦。兌宮一世困卦。初與四。二與五。三與上。地支皆相合。此外惟乾宮三世否卦。坤宮三世泰卦。六爻地支亦皆相合。因乾坤或坤震。或坎兌。或離艮。內外兩卦陰陽相重。六爻五行皆相合故也。否卦內坤外乾。泰卦內乾外坤。豫卦內坤外震。復卦內震外坤。節卦內兌外坎。困卦內坎外兌。賁卦內離外艮。旅卦內艮外離。其地支相合之由。可推而知之。至於六衝之卦。除八宮首卦外。尚有坤宮四世大壯卦。巽宮四世无妄卦。大壯內乾外震。无妄內震外乾。震卦六爻所配子寅辰午申戌。與乾卦六爻地支相同。大壯无妄兩卦皆乾震相重。故其六衝亦同於乾卦及震卦也。（地支子丑合。寅亥合。卯戌合。辰酉合。巳申合。午未合。子午衝。丑未衝。寅申衝。卯酉衝。辰戌衝。巳亥衝。）八宮首卦初爻變成一世卦。六衝化為六合。獨姤小畜兩卦不成六合者。因巽卦從初爻起。配丑亥酉未巳卯。與坤卦從初爻起。配未巳卯丑亥酉。次第不同。姤卦內巽外乾。小畜卦內乾外巽。乾巽兩卦相重。故不能成為六合也。

親屬

有天地然後有萬物。有萬物然後有男女。序卦傳有男女則自父母夫婦兄弟子孫推之官鬼。皆由是而生焉。八宮六十四卦三百八十四爻所值干支五行。莫不寓有親屬之象。京傳下卷云。鬼為繫爻。財為制爻。天地為義爻。福德為寶爻。同氣為專爻。天地即父母。福德即子孫。同氣即兄弟。陸氏注中已詳之矣。京氏於乾宮發凡起例。初爻言福德。次爻言寶貝。即財祿。兼妻室。三爻言父母。陸氏於四爻言官鬼。至於五爻兄弟。上爻仍為父母。皆略而未言。昂箋乾卦已釋之矣。并詳推究親屬之法。其他諸卦。京氏皆未言親屬。昂援例演繹。推之飛伏。每宮所轄之卦。各以本宮首卦所值干支五行為主。別其為生為剋為比。以定親屬。父母子孫皆由生來妻財官鬼皆由剋來兄弟相比萬事萬物。吉凶得失。胥以是推而知之。京氏祇於乾宮游魂晉卦言相剋相生。以發其例。而六十四卦之陰陽變化。莫不視乎五行親屬之生剋而定也。乾震坎艮坤巽離兌八卦。親屬皆全備。此外惟乾宮大有卦。坎宮節豐師三卦。坤宮臨大壯比三卦。巽宮无妄噬嗑兩卦。兌宮困萃兩卦。六親不缺。綜計親屬全者。并八卦共二十卦。餘四十四卦。或缺一親。或缺兩親。隨五行而定。六爻所缺親屬。就本宮首卦推其飛伏。有適當世位者。如乾宮遯卦。震宮豫卦。坎宮旣濟卦。艮宮損履二卦。巽宮益噬嗑二卦。離宮旅未濟蒙三卦。皆是也。乾兌皆金。震巽皆木。艮坤皆土。故兩宮之卦。內象干支五行親屬多有相同者。如乾宮三世至游魂。否觀剝晉四卦。內象干支五行親屬。與兌宮二世萃卦內象相同。兌宮三世至游魂。咸蹇謙小過四卦。內象干支五行親屬。與乾宮二世遯卦內象相同。震宮三世至游魂。恆升井大過四卦。內象干支五行親屬。與巽宮本卦及歸魂蠱卦內象相同。巽宮三世至游魂。益无妄噬嗑頤四卦。內象干支五行親屬。與震宮本卦及歸魂隨卦內象相同。艮宮三世至游魂。損睽履中孚四卦。內象干支五行親屬。與坤宮二世臨卦內象相同。坤宮三世至游魂。泰大壯夬需四卦。內象干支五行親屬。與艮宮二世大畜卦內象相同。其餘干支五行同者。親屬多異也。震宮三世恆卦。內象干支五行親屬同於巽。而飛伏在巽。巽宮三世益卦。內象干支五行親屬同於震。而飛伏在震。其關係尤切。

飛伏

陰陽消長。斯有飛伏。顯者飛而隱者伏。旣飛則由顯而隱。旣伏則由隱而顯。飛中有伏。伏中有飛。消息循環。罔有盡時。飛伏之類不一。八宮中陰陽相對者互爲飛伏。如乾坤相互。震巽相互。坎離相互。艮兌相互。此一例也。八宮所化生之卦。自一世至五世。前三卦與內卦飛伏。後二卦與外卦飛伏。如乾宮一世姤卦飛伏在內巽。二世遯卦飛伏在內艮。三世否卦飛伏在內坤。四世觀卦飛伏在外巽。五世剝卦飛伏在外艮●此又一例也。游魂卦由五世外卦魂復於第四爻。歸魂卦由游魂內卦魂返於第三爻●各與爲飛伏。如乾宮游魂晉卦九四。由五世剝卦外艮六四爻變來●與艮爲飛伏。歸魂大有卦九三。由游魂晉卦內坤六三爻變來●與坤爲飛伏。此第三例也。八宮所轄諸卦世位所當之爻。各與本宮爲飛伏。如姤卦隸乾宮第一世。世位在初六爻●與乾宮初九爻爲飛伏。遯卦隸乾宮第二世●世位在六二爻。與乾宮九二爻爲飛伏●此第四例也。以上諸例。亦有涉及所缺之親屬者。八宮乾震坎艮坤巽離兌。六親皆全。其餘諸卦親屬缺少者。各與本宮爲飛伏。如乾宮一世姤卦缺財祿●與乾宮次爻財祿爲飛伏。二世遯卦缺福德財祿●與乾宮初爻子孫（即福德）次爻財祿爲飛伏●此第五例也●以上諸例●八宮類推●京傳飛伏。每宮八卦●別取三卦。乾宮八卦取坤巽艮。震宮八卦取巽坤坎。坎宮八卦取離兌震。艮宮八卦取兌離乾●坤宮八卦取乾震兌。巽宮八卦取震乾離。離宮八卦取坎艮巽●兌宮八卦取艮坎坤。每宮所取之三卦。陽宮先取兩陰卦爲飛伏。後取一陽卦爲飛伏●陰宮先取兩陽卦爲飛伏●後取一陰卦爲飛伏●例如乾宮首卦飛伏在坤●一世姤卦飛伏在巽。坤巽皆陰卦●二世遯卦飛伏在艮。艮爲陽卦●坤宮首卦飛伏在乾。一世復卦飛伏在震●乾震皆陽卦●二世臨卦飛伏在兌●兌爲陰卦。是也●三世四世五世。飛伏仍分取前三卦。陽宮陰宮皆然。例如乾宮三世否卦飛伏在坤●與首卦乾同。四世觀卦飛伏在巽。與一世姤同●五世剝卦飛伏在艮。與二世遯同●坤宮三世泰卦飛伏在乾。與首卦坤同。四世大壯卦飛伏在震。與一世復同。五世夬卦飛伏在兌。與二世臨同。是也。游魂飛伏取陽卦。同五世。歸魂飛伏取陰卦。同本宮首卦。陰陽兩宮同例。例如乾宮游魂晉卦飛伏在艮。與五世剝卦同。歸魂大有飛伏在坤。與首卦乾同。坤宮游魂需卦飛伏在兌。與五世夬卦同。歸魂比卦飛伏在乾。與首卦坤同。餘可類推。八宮所取三卦。配合變化。不外乎乾震坎艮四陽卦。坤巽離兌四陰卦。互相錯綜也。詳後表每宮飛伏三卦。與相對之一宮各成對象。如乾宮飛伏在坤巽艮。坤宮飛伏在乾震兌。乾對坤。震對巽。兌對艮。陰陽配合。諸宮皆然。可推而知。飛伏以何爲始者。仍以是卦終。此終而復始之道。陸績注解於每宮首卦及游魂歸魂兩卦。所釋干支五行。與京氏所言飛伏相等。自一世至五世。此五卦所注干支五行。皆就世位之爻取本宮首卦爲飛伏。與京氏所言飛伏有別。游魂在四。歸魂在三。游魂卦所釋干支五行。皆與他宮四世卦第四爻相同。歸魂卦所釋干支五行。皆與他宮三世卦第三爻相同。如乾宮游魂晉卦丙戌土。與艮宮四世睽卦同。歸魂大有乙卯木。與坤宮三世泰卦同。是也。餘可類推。

京傳陸注飛伏異同表

八宮六十四卦	京傳飛伏	陸注飛伏	昂箋注
乾宮	坤	癸酉金	坤上六
姤（一世）	巽	甲子水	乾初九
遯（二世）	艮	甲寅木	乾九二
否（三世）	坤	甲辰土	乾九三
觀（四世）	巽	壬午火	乾九四
剝（五世）	艮	壬申金	乾九五
晉（游魂）	艮	丙戌土	艮六四
大有（魂歸）	坤	乙卯水	坤六三

震宮	巽	辛卯木	巽上九
豫（一世）	坤	庚子水	震初九
解（二世）	坎	庚寅木	震六二
恆（三世）	巽	庚辰土	震六三
升（四世）	坤	庚午火	震九四
井（五世）	坎	庚申金	震六五
大過（游魂）	坎	戊申金	坎六四
隨（歸魂）	巽	辛酉金	巽九三
坎宮	離	己巳火	離上九
節（一世）	兌	戊寅木	坎初六
屯（二世）	震	戊辰土	坎九二
既濟（三世）	離	戊午火	坎六三

革（四世）	兌	戊申金	坎六四
豐（五世）	震	戊戌土	坎九五
明夷（游魂）	震	庚午火	震九四
師（歸魂）	離	己亥水	離九三
艮宮	兌	丁未土	兌上六
賁（一世）	離	丙辰土	艮初六
大畜（二世）	乾	丙午火	艮六二
損（三世）	兌	丙申金	艮九三
睽（四世）	離	丙戌土	艮六四
履（五世）	乾	丙子水	艮六五
中孚（游魂）	乾	壬午火	乾九四
漸（歸魂）	兌	丁丑土	兌六三

坤宮	乾	壬戌土	乾上九
復（一世）	震	乙未土	坤初六
臨（二世）	兌	乙巳火	坤六二
泰（三世）	乾	乙卯木	坤六三
大壯（四世）	震	癸丑土	坤六四
夬（五世）	兌	癸亥水	坤六五
需（游魂）	兌	丁亥水	兌九四
比（歸魂）	乾	甲辰土	乾九三
巽宮	震	庚戌土	震上六
小畜（一世）	乾	辛丑土	巽初六
家人（二世）	離	辛亥水	巽九二
益（三世）	震	辛酉金	巽九三

无妄（四世）	乾	辛未土	巽六四
噬嗑（五世）	離	辛巳火	巽九五
頤（游魂）	離	己酉金	離九四
蠱（歸魂）	震	庚辰土	震六三
離宮	坎	戊子水	坎上六
旅（一世）	艮	己卯木	離初九
鼎（二世）	巽	己丑土	離六二
未濟（三世）	坎	己亥水	離九三
蒙（四世）	艮	己酉金	離九四
渙（五世）	巽	己未土	離六五
訟（游魂）	巽	辛未土	巽六四
同人（歸魂）	坎	戊午火	坎六三

兌宮	艮	丙寅木	艮上九
困（一世）	坎	丁巳火	兌初九
萃（二世）	坤	丁卯木	兌九二
咸（三世）	艮	丁丑土	兌六三
蹇（四世）	坎	丁亥水	兌九四
謙（五世）	坤	丁酉金	兌九五
小過（游魂）	坤	癸丑土	坤六四
歸妹（歸魂）	艮	丙申金	艮九三

乾初爻伏巽。次爻伏艮。第三爻伏坤。第四爻伏巽。第五爻伏艮。上爻伏坤。京氏於乾卦云。與坤爲飛伏。專釋上爻。其餘所伏。分釋一世至五世卦中。陸注壬戌土。癸酉金。土指乾上九爻。金指坤上六爻。謂乾上爻中伏坤也。京氏於姤卦云。與巽爲飛伏。是追溯本宮乾卦變動以前。本伏有巽陰。故變爲姤也。陸績先言辛丑土。後言中子水。則就乾初既變姤以後。姤初丑土中伏有乾初子水。推而言之。即姤初伏有復初也。京氏以乾與巽爲飛伏。陸氏以巽與乾爲飛伏。乾初伏巽。巽初伏

乾。就形式論理分析。自有區別。而究其本原。固相同而無或異也。一世至五世同例厥後卜筮諸書。除八卦本宮外所缺五行。皆取本宮爲飛伏。卽循陸氏之塗軌。

八宮飛伏三卦表

宮／飛伏	伏一	伏二	伏三
乾	坤	巽	艮
震	巽	坤	坎
坎	離	兌	震
艮	兌	離	乾
坤	乾	震	兌
巽	震	乾	離
離	坎	艮	巽
兌	艮	坎	坤

八宮游歸兩魂飛伏表

宮／魂伏	游魂	伏	歸魂	伏
乾	晉	艮	大有	坤
震	大過	坎	隨	巽
坎	明夷	震	師	離
艮	中孚	乾	漸	兌
坤	需	兌	比	乾
巽	頤	離	蠱	震
離	訟	巽	同人	坎
兌	小過	坤	歸妹	艮

世身

八宮六十四卦各有其世數。本宮首卦。世位皆在上爻。自一世卦至五世卦。世數各如其所值之次第而當爻位。游魂在四。世數當第四爻。歸魂在三。世數當第三爻。世當初爻元士。應第四爻諸侯。世當次爻大夫。應第五爻至尊。世當第三爻三公。應上爻宗廟。世應兩爻陰陽皆得正者。應必圓融。一爻失正或兩爻皆不得位者。應多窒礙。外卦應內卦者爲反應。京氏於震宮一世豫卦云。世立元士爲地易。二世解卦云。立大夫於世爲人。此就內卦三爻分三才。祇舉兩世以見例耳。若論全卦六爻。則一二世爲地易。三四世爲人易。五上世爲天易。京傳履卦云。九五得位爲世身。蠱卦陸注云。卦用及身也。卦身從初爻推之世位。京傳云。陰從午。陽從子。見下卷世當陽爻。初爻從子上推至巳。世當陰爻。初爻從午上推至亥。推至世位所值。六爻中有此地支者。卽爲卦身。亦有無卦身者。

建候積算

建月六辰。分配六爻。建始一辰受氣。中間經歷四辰皆積氣。末一辰成象立體。每爻歷一月兩節。凡由某月節至每月中者爲十二節。由某月中至某月節者爲十節。京氏於坎宮游魂明夷卦發其例云。『建起六四癸巳至戊戌。』故建始正例。從世位之爻數計起。如乾宮建始甲子。與初九干支相符。値十一月節大雪。至己巳。値四月中小滿。世位在上九爻。上九建甲子。當十一月大雪冬至兩節。初九建乙丑。當十二月小寒大寒兩節。九二建丙寅。當正月立春雨水兩節。九三建丁卯。當二月驚蟄春分兩節。九四建戊辰。當三月清明穀雨兩節。九五建己巳。當四月立夏小滿兩節。乾宮之遯卦建始辛未。從第二爻世位計起。六二當六月中大暑。祇歷一節。九三壬申。當七月立秋處暑。九四癸酉。當八月白露秋分。九五甲戌。當九月寒露霜降。上九乙亥。當十月立冬小雪。初六丙子。當十一月節大雪。亦祇歷一節。以分數二十八候計之。六二建始。初六終結。一節之氣候皆尚未足。說詳後氣候分數陽數盈實。陰數虧虛。此乃對象。餘可類推。建始受氣。迄終正象成體。京氏於坎宮既濟卦己發其凡矣。乾宮姤遯否觀剝五卦建月。皆以卦氣所值之月爲始。坤宮復臨泰大壯夬五卦建月。皆以卦氣所值之月爲終。如姤卦氣值五月午。建始從庚午起。復卦氣值十一月子。建月至庚子終。是也。建始天干。陰陽互相同。乾坤同在甲。震巽同在丙。坎離同在戊。艮兌同在庚。甲丙戊庚。陽剛天干相間而居。建始地支。陰陽各相同。乾震同在子。坎艮同在寅。坤巽同在午。離兌同在申。子寅午申。陽剛地支亦相間也。午與子。申與寅。皆隔六相對。建候六支地支所值五行。或缺一行。或缺兩行。無全備者。京氏易傳巽兌兩宮各八卦。推演建候皆異。積算隨之而殊。震卦後卦十二辰。建始丙子。巽卦宜後坤卦十二辰建始丙午。艮卦後坎卦十二辰。建始庚寅。兌卦宜後離卦十二辰。建始庚申 如此排比。方與坤甲午對乾甲子。離戊申對坎戊寅相當。原傳以巽建始辛丑至丙午。兌建始乙卯至庚申。皆可商。兩宮皆以建始爲終訖。將謂陰宮逆行耶。何以坤離不逆而獨逆巽兌也。抑以子午寅申皆避衝耶。何以乾坤子午坎離寅申不相避耶。艮宮建候。自四世睽卦卦至游魂中孚歸魂漸卦。與夫積算諸卦。皆流入陰宮干支之內。兌宮建候。自五世至游歸兩卦。與諸卦積算。亦宜涉入陽宮干支。此陰陽交通之道也。巽建始丙午。兌建始庚申。經歷六辰皆十二節。氣候分數三十六。方相符合。巽兌兩宮所轄諸卦。依愚見逐次改正。氣候分數與經歷之節數。始一一相協。列表於後。深望有道正之。兌卦建始起算之干支。迴轉前方。蓋閟而後能通也。各宮游魂卦建始皆後五世卦五辰。歸魂卦皆先游魂卦一辰。積算亦然。至於乾宮一世姤卦。後乾卦六辰建候。坎宮一世節卦。後坎卦六辰建候。坤宮一世復卦。離宮一世旅卦。建候皆祇後本宮首卦一辰。他卦亦然。此其異也。（坤宮一世復卦。如依乾宮姤卦之例。亦後坤卦六辰。則建始正當卦氣所値之月。）積算六位爻數。分陰陽。配五行。定歲月日時節候運氣。以推吉凶。考休咎。計算自建月終結之干支起。如乾宮建月至己巳止。積算即起自己巳。從九五己巳推入上九爻世位壬戌。（壬戌爲乾上九所納干支。上九建月干支爲甲子。）迴轉九四戊辰。此六爻小周也。大周則六爻周而復始。循環十轉。天干六周。地支五周。六爻循環一轉至節二次。地支方達一周。至於周甲。以歲月日時計之。每爻周轉各十數。計時每爻十時。計日每爻十日。計月每爻十月二十節。計歲每爻十年。陸氏謂吉凶之兆。積年起月。積日起時。積時起卦入本宮。（見乾卦注）其說可推也。建月

京氏易傳箋註

有盈虛。積算則無論其歷十二節或十節。皆以六十甲子爲一周。歷十二節者。建至某月中氣止。積算皆自某月節氣起。例如乾宮建月至四月中小滿。積算則起自四月節立夏。以己巳該立夏小滿也。積算迴轉一年爲一周者。祇以十二地支爲準。依所冠之天干計算一周。如乾由己巳迴環至戊辰、以月計之。須經六十月。即五年游魂在第四爻。歸魂退一爻在第三爻。故歸魂積算干支。先乎游魂一辰也。

納辰建候干支生剋相比

建候干支所配五行。與原爻干支所配五行。相比或生剋。有生與比而無剋者。祇離宮旅渙兩卦與兌宮小過卦。旅小過兩卦皆五生一比。渙卦二生四比。例如旅卦初六丙辰。建候己酉。辰土生酉金。六二丙午。建候庚戌。戌土生午火。九三丙申。建候辛亥。申金生亥水。九四己酉。建候壬子。酉金生子水。上九己巳。建候甲寅。寅木生巳火。此五生也。六五己未。建候癸丑。丑未兩土相比。此一比也。餘可依表類推。有剋與比而無相生者。艮宮睽卦五剋一比。乾宮大有卦四剋二比。陰宮坤卦三剋三比。離宮蒙卦二剋四比。例如睽卦初九丁巳。建候丁酉。巳火剋酉金。九二丁卯。建候戊戌。卯木剋戌土。六三丁丑。建候己亥。丑土剋亥水。九四己酉。建候甲午。午火剋酉金。上九己巳。建候丙申。巳火剋申金。此五剋也。六五己未。建候乙未。未土相比。此一比也。餘可依表類推。旅小過兩卦五生而外。有四生者。祇乾宮觀卦四生一比一尅。坎宮師卦四生二尅。其有生與比而僅一尅者。如震宮豫井兩卦。皆三生二比一尅。陰宮巽卦。離宮未濟卦。皆二生三比一尅。陽宮坎卦一生四比一尅。其餘諸卦或有生與比。或有生無比。其相尅者。或二尅。或三尅。或四尅。大半尅多於生。就干支對照表推其五行。生尅自見。不一一舉也。

納辰建候干支相同

建始天干或地支同於世爻所配之干支。天干同者。如晉四。解上。坎上。明夷四。頤四。皆是。地支同者。如艮上。賁初。比三。訟四。皆是。其非世爻而同干或同支者不備舉。建候干支與六爻中所納干支。有一同者。有再同者。一同者。如乾卦甲子。乾宮姤遯否三卦壬申。剝卦丙子。震卦庚辰。與震宮解卦戊寅。大過卦丁亥。坎卦戊寅。坎宮節卦戊子。豐卦己丑。坤卦丁未。坤宮復卦庚子。夬卦甲辰。比卦戊申。巽卦辛亥。離宮旅卦己酉。鼎卦辛亥。渙卦戊午。同人卦壬戌。兌宮小過歸妹兩卦庚午。干支皆同一種。其一再同者。如震宮隨卦庚寅丁亥。坎宮屯卦庚寅戊子。既濟卦戊子己丑。革卦丁亥己丑。坤宮需卦戊申甲辰。離宮訟卦壬戌戊午。干支皆同兩種。檢閱卦表。自可推知。隨卦庚寅同值六二。坤卦丁未同值初六。歸妹庚午同值九四。而革卦丁亥。小過庚午。皆同值九四世位。尤足貴也。

八宮六十四卦納辰建候干支對照表

納辰干支列前 建候干支列後

卦 干支 爻	上爻	五爻	四爻	三爻	二爻	初爻
乾	(上九) 壬戌 甲子	九五 壬申 己巳	九四 壬午 戊辰	九三 甲辰 丁卯	九二 甲寅 丙寅	初九 甲子 乙丑
姤	上九 壬戌 乙亥	九五 壬申 甲戌	九四 壬午 癸酉	九三 辛酉 壬申	九二 辛亥 辛未	(初六) 辛丑 庚午
遯	上九 壬戌 乙亥	九五 壬申 甲戌	九四 壬午 癸酉	九三 丙申 壬申	(六二) 丙午 辛未	初六 丙辰 丙子
否	上九 壬戌 乙亥	九五 壬申 甲戌	九四 壬午 癸酉	(六三) 乙卯 壬申	六二 乙巳 丁丑	初六 乙未 丙子
觀	上九 辛卯 乙亥	九五 辛巳 甲戌	(六四) 辛未 癸酉	六三 乙卯 戊寅	六二 乙巳 丁丑	初六 乙未 丙子
剝	上九 丙寅 乙亥	(六五) 丙子 甲戌	六四 丙戌 己卯	六三 乙卯 戊寅	六二 乙巳 丁丑	初六 乙未 丙子
晉	上九 己巳 辛巳	六五 己未 庚辰	(九四) 己酉 己卯	六三 乙卯 甲申	六二 乙巳 癸未	初六 乙未 壬午
大有	上九 己巳 辛巳	六五 己未 庚辰	九四 己酉 己卯	(九三) 甲辰 戊寅	九二 甲寅 癸未	初九 甲子 壬午

震	豫	解	恆	升	井	大過	隨	坎	節	屯	既濟
(上六) 庚戌 內子	上六 庚戌 壬午	上六 庚戌 壬午	上六 庚戌 壬午	上六 癸酉 壬午	上六 戊子 壬午	上六 丁未 戊子	上六 丁未 戊子	(上六) 戊子 戊寅	上六 戊子 己丑	上六 戊子 己丑	上六 戊子 己丑
六五 庚申 辛巳	六五 庚申 辛巳	六五 庚申 辛巳	六五 庚申 辛巳	六五 癸亥 辛巳	(九五) 戊戌 辛巳	九五 丁酉 丁亥	九五 丁酉 丁亥	九五 戊戌 癸未	九五 戊戌 戊子	九五 戊戌 戊子	九五 戊戌 戊子
九四 庚午 庚辰	九四 庚午 庚辰	九四 庚午 庚辰	九四 庚午 庚辰	(六四) 癸丑 庚辰	六四 戊申 丙戌	(九四) 丁亥 丙戌	九四 丁亥 丙戌	六四 戊申 壬午	六四 戊申 丁亥	六四 戊申 丁亥	六四 戊申 丁亥
六三 庚辰 己卯	六三 乙卯 己卯	六三 戊午 己卯	(九三) 辛酉 己卯	九三 辛酉 乙酉	九三 辛酉 乙酉	九三 辛酉 辛卯	(六三) 庚辰 乙酉	六三 戊午 辛巳	六三 丁丑 丙戌	六三 庚辰 丙戌	(九三) 己亥 丙戌
六二 庚寅 戊寅	六二 乙巳 戊寅	(九二) 戊辰 戊寅	九二 辛亥 甲申	九二 辛亥 甲申	九二 辛亥 甲申	九二 辛亥 庚寅	六二 庚寅 庚寅	九二 戊辰 庚辰	九二 丁卯 乙酉	(六二) 庚寅 乙酉	六二 己丑 辛卯
初九 庚子 丁丑	(初六) 乙未 丁丑	初六 戊寅 癸亥	初六 辛丑 癸未	初六 辛丑 癸未	初六 辛丑 癸未	初六 辛丑 己丑	初九 庚子 己丑	初六 戊寅 己卯	(初九) 丁巳 甲申	初九 庚子 庚寅	初九 己卯 庚寅

卦	上	五	四	三	二	初
革	上六 丁未 己丑	九五 丁酉 戊子	（九四） 丁亥 丁亥	九三 己亥 壬辰	六二 己丑 辛卯	初九 己卯 庚寅
豐	上六 庚戌 己丑	（六五） 庚午 戊子	九四 庚午 癸巳	九三 己亥 壬辰	六二 己丑 辛卯	初九 己卯 庚寅
明夷	上六 癸酉 乙未	六五 癸亥 甲午	（六四） 癸丑 癸巳	九三 己亥 戊戌	六二 己丑 丁酉	初九 己卯 丙申
師	上六 癸未 乙未	六五 癸亥 甲午	六四 癸丑 癸巳	（六三） 戊午 壬辰	九二 戊辰 丁酉	初六 戊寅 丙申
艮	（上九） 丙寅 庚寅	六五 丙子 乙未	六四 丙戌 甲午	九三 丙申 癸巳	六二 丙午 壬辰	初六 丙辰 辛卯
賁	上九 丙寅 丙申	六五 丙子 乙未	六四 丙戌 甲午	九三 己亥 癸巳	六二 己丑 壬辰	（初九） 己卯 辛卯
大畜	上九 丙寅 丙申	六五 丙子 乙未	六四 丙戌 甲午	九三 甲辰 癸巳	（九二） 甲寅 壬辰	初九 甲子 丁酉
損	上九 丙寅 丙申	六五 丙子 乙未	六四 丙戌 甲午	（六三） 丁丑 癸巳	九二 丁卯 戊戌	初九 丁巳 丁酉
睽	上九 己巳 丙申	六五 己未 乙未	（九四） 己酉 甲午	六三 丁丑 己亥	九二 丁卯 戊戌	初九 丁巳 丁酉
履	上九 壬戌 丙申	（九五） 壬申 乙未	九四 壬午 庚子	六三 丁丑 己亥	九二 丁卯 戊戌	初九 丁巳 丁酉
中孚	上九 辛卯 壬寅	九五 辛巳 辛丑	（六四） 辛未 庚子	六三 丁丑 乙巳	九二 丁卯 甲辰	初九 丁巳 癸卯
漸	上九 辛卯 壬寅	九五 辛巳 辛丑	六四 辛未 庚子	（九三） 丙申 己亥	六二 丙午 甲辰	初六 丙辰 癸卯

卦	上	五	四	三	二	初
坤	(上六) 癸酉 甲午	六五 癸亥 己亥	六四 癸丑 戊戌	六三 乙卯 丁酉	六二 乙巳 丙申	初六 乙未 乙未
復	上六 癸酉 庚子	六五 癸亥 己亥	六四 癸丑 戊戌	六三 庚辰 丁酉	六二 庚寅 丙申	(初九) 庚子 乙未
臨	上六 癸酉 庚子	六五 癸亥 己亥	六四 癸丑 戊戌	六三 丁丑 丁酉	(九二) 丁卯 丙申	初九 丁巳 辛丑
泰	上六 癸酉 庚子	六五 癸亥 己亥	六四 癸丑 戊戌	(九三) 甲辰 丁酉	九二 甲寅 壬寅	初九 甲子 辛丑
大壯	上六 庚戌 庚子	六五 庚申 己亥	(九四) 庚午 戊戌	九三 甲辰 壬寅	九二 甲寅 壬寅	初九 甲子 辛丑
夬	上六 丁未 庚子	(九五) 丁酉 己亥	九四 丁亥 甲辰	九三 甲辰 癸卯	九二 甲寅 壬寅	初九 甲子 辛丑
需	上六 戊子 丙午	九五 戊戌 乙巳	(六四) 戊申 甲辰	九三 甲辰 己酉	九二 甲寅 戊申	初九 甲子 丁未
比	上六 戊子 丙午	九五 戊戌 乙巳	六四 戊申 甲辰	(六三) 乙卯 癸卯	六二 乙巳 戊申	初六 乙未 丁未
巽	(上九) 辛卯 丙午	九五 辛巳 辛亥	六四 辛未 庚戌	九三 辛酉 己酉	九二 辛亥 戊申	初六 辛丑 丁未
小畜	上九 辛卯 壬子	九五 辛巳 辛亥	六四 辛未 庚戌	九三 甲辰 己酉	九二 甲寅 戊申	(初九) 甲子 丁未
家人	上九 辛卯 壬子	九五 辛巳 辛亥	六四 辛未 庚戌	九三 己亥 己酉	(六二) 己丑 戊申	初九 己卯 癸丑
益	上九 辛卯 壬子	九五 辛巳 辛亥	六四 辛未 庚戌	(六三) 庚辰 己酉	六二 庚寅 甲寅	初九 庚子 癸丑

无妄	上九 壬戌壬子	九五 壬申辛亥	（九四） 壬午庚戌	六三 庚辰乙卯	六二 庚寅甲寅	初九 庚子癸丑
噬嗑	上九 己巳壬子	（六五） 己未辛亥	九四 己酉丙辰	六三 庚辰乙卯	六二 庚寅甲寅	初九 庚子癸丑
頤	上九 丙寅戊午	六五 丙子丁巳	（六四） 丙戌丙辰	六三 庚辰辛酉	六二 庚寅庚申	初九 庚子己未
蠱	上九 丙寅戊午	六五 丙子丁巳	六四 丙戌丙辰	（九三） 辛酉乙卯	九二 辛亥庚申	初六 辛丑己未
離	（上九） 己巳戊申	六五 己未癸丑	九四 己酉壬子	九三 己亥辛亥	六二 己丑庚戌	初九 己卯己酉
旅	上九 己巳甲寅	六五 己未癸丑	九四 己酉壬子	九三 丙申辛亥	六二 丙午庚戌	（初六） 丙辰己酉
鼎	上九 己巳甲寅	六五 己未癸丑	九四 己酉壬子	九三 辛酉辛亥	（九二） 辛亥庚戌	初六 辛丑乙卯
未濟	上九 己巳甲寅	六五 己未癸丑	九四 己酉壬子	（六三） 戊午辛亥	九二 戊辰丙辰	初六 戊寅乙卯
蒙	上九 丙寅甲寅	六五 丙子癸丑	（六四） 丙戌壬子	六三 戊午丁巳	九二 戊辰丙辰	初六 戊寅乙卯
渙	上九 辛卯甲寅	（九五） 辛巳癸丑	六四 辛未戊午	六三 戊午丁巳	九二 戊辰丙辰	初六 戊寅乙卯
訟	上九 壬戌庚申	九五 壬申己[illegible]	（九四） 壬午戊午	六三 戊午癸亥	九二 戊辰壬戌	初六 戊寅辛酉
同人	上九 壬戌庚申	九五 壬申己未	九四 壬午戊午	（九三） 己亥丁巳	六二 己丑壬戌	初九 己卯辛酉

卦	上	干支	五	干支	四	干支	三	干支	二	干支	初	干支
兌	(上六)	丁未 庚申	九五	丁酉 乙丑	九四	丁亥 甲子	六三	丁丑 癸亥	九二	丁卯 壬戌	初九	丁巳 辛酉
困	上六	丁未 丙寅	九五	丁酉 乙丑	九四	丁亥 甲子	六三	戊午 癸亥	九二	戊辰 壬戌	(初六)	戊寅 辛酉
萃	上六	丁未 丙寅	九五	丁酉 乙丑	九四	丁亥 甲子	六三	乙卯 癸亥	(六二)	乙巳 壬戌	初六	乙未 丁卯
咸	上六	丁未 丙寅	九五	丁酉 乙丑	九四	丁亥 甲子	(九三)	丙申 癸亥	六二	丙午 戊辰	初六	丙辰 丁卯
蹇	上六	戊子 丙寅	九五	戊戌 乙丑	(六四)	戊申 甲子	九三	丙申 己巳	六二	丙午 戊辰	初六	丙辰 丁卯
謙	上六	癸酉 丙寅	(六五)	癸亥 乙丑	六四	癸丑 庚午	九三	丙申 己巳	六二	丙午 戊辰	初六	丙辰 丁卯
小過	上六	庚戌 壬申	六五	庚申 辛未	(九四)	庚午 庚午	九三	丙申 乙亥	六二	丙午 甲戌	初六	丙辰 癸酉
歸妹	上六	庚戌 壬申	六五	庚申 辛未	九四	庚午 庚午	(六三)	丁丑 己巳	九二	丁卯 甲戌	初九	丁巳 癸酉

右表每卦有一爻加括弧爲識者。即所値之世位。納辰干支間接。其所施及者遠。建候干支直接。其所施及者近。間接之干支間行而治六辰。而其氣運貫通十二節或十節。

八宮六十四卦世魂建候積算表

干支	乾宮 建始	乾宮 算起	震宮 建始	震宮 算起	坎宮 建始	坎宮 算起	艮宮 建始	艮宮 算起	坤宮 建始	坤宮 算起	巽宮 建始	巽宮 算起	離宮 建始	離宮 算起	兌宮 建始	兌宮 算起	月	節氣	氣節
甲子	乾														蹇		十一月	節	大雪
乙丑															謙	兌	十二月	中	大寒
丙寅																困	正月	節	立春
丁卯																萃	二月	中	春分
戊辰																咸	三月	節	清明
己巳		乾													歸妹	蹇	四月	中	小滿
庚午	姤														小過	謙	五月	節	芒種
辛未	遯																六月	中	大暑
壬申	否																七月	節	立秋
癸酉	觀																八月	中	秋分
甲戌	剝															歸妹	九月	節	寒露
乙亥		姤														小過	十月	中	小雪

干支							月		節氣
丙子		遯	震				十一月	節	大雪
丁丑		否	豫				十二月	中	大寒
戊寅	大有	觀	解		坎		正月	節	立春
己卯	晉	剝	恆				二月	中	春分
庚辰			升				三月	節	清明
辛巳			井	震			四月	中	小滿
壬午				豫			五月	節	芒種
癸未		大有		解		坎	六月	中	大暑
甲申		晉		恆	節		七月	節	立秋
乙酉			隨	升	屯		八月	中	秋分
丙戌			大過	井	既濟		九月	節	寒露
丁亥					革		十月	中	小雪

戊子	己丑	庚寅	辛卯	壬辰	癸巳	甲午	乙未	丙申	丁酉	戊戌	己亥
		隨	大過								
豐				師	明夷						
	節	屯	既濟	革	豐				師	明夷	
		艮	賁	大畜	損	睽	履				漸
							艮	賁	大畜	損	睽
						坤	復	臨	泰	大壯	夬
											坤
十一月	十二月	正月	二月	三月	四月	五月	六月	七月	八月	九月	十月
節	中	節	中	節	中	節	中	節	中	節	中
大雪	大寒	立春	春分	清明	小滿	芒種	大暑	立秋	秋分	寒露	小雪

干支	卦	月	節/中	節氣
庚子	中孚 履 復	十一月	節	大雪
辛丑	臨	十二月	中	大寒
壬寅	泰	正月	節	立春
癸卯	比 大壯	二月	中	春分
甲辰	漸 需 夬	三月	節	清明
乙巳	中孚	四月	中	小滿
丙午	巽	五月	節	芒種
丁未	小畜	六月	中	大暑
戊申	比 家人 離	七月	節	立秋
己酉	需 益 旅	八月	中	秋分
庚戌	无妄 鼎	九月	節	寒露
辛亥	噬嗑 巽 未濟	十月	中	小雪

壬子	癸丑	甲寅	乙卯	丙辰	丁巳	戊午	己未	庚申	辛酉	壬戌	癸亥
			蠱	頤							
小畜	家人	益	无妄	噬嗑				蠱	頤		
蒙	渙				同人	訟					
	離	旅	鼎	未濟	蒙	渙				同人	訟
								兌	困	萃	咸
十一月	十二月	正月	二月	三月	四月	五月	六月	七月	八月	九月	十月
節	中	節	中	節	中	節	中	節	中	節	中
大雪	大寒	立春	春分	清明	小滿	芒種	大暑	立秋	秋分	寒露	小雪

右表每宮先列建始之卦。下列起算之卦。建月自某辰起。直接歷六辰而正。與交辰之間隔而治六辰者有別。例如乾宮乾卦建月始甲子。順行至己巳止。積算卽從建月結末之己巳起。迴轉至戊辰一周。終而復始。六十四卦類推。乾宮積算。一世姤起乙亥。二世遯卽迴轉至乙亥。遯起丙子。三世否卽迴轉至丙子。否起丁丑。四世觀卽迴轉至丁丑。觀起戊寅。五世剝卽迴轉至戊寅。此前者起而後者止也。卦魂先游而後歸。游魂晉卦積算至癸未。歸魂大有卦積算卽起於癸未。此前者止而後者起也。（表中游魂卦倒置歸魂卦之後以便干支順排）八宮同例。乾冠諸卦而建甲子。坎冠方伯而建戊寅。一世卦皆距六辰而後起建。二世至五世。依次建月。游歸兩卦距五世卦四辰而後起建。卦魂先游後歸。而建始之干支。則游魂後於歸魂。積算亦然。震艮坤巽離兌六卦。建始後直接一世卦。餘例皆同。巽兌兩宮各八卦建候干支。不依京氏。（說詳建候積算例中）兌宮干支迴轉前方。右表須視作圓圖。以盡循環綰抱之妙。納辰建候干支對照表可參考。

八卦建算干支起點表一

干支／陽卦	乾	震	坎	艮
建始	甲子	丙子	戊寅	庚寅
算起	己巳	辛巳	癸未	乙未

八卦建算干支起點表二

干支／陰卦	坤	巽	離	兌
建始	甲午	丙午	戊申	庚申
起算	己亥	辛亥	癸丑	乙丑

星宿

五星入卦。所配五行次第。爲土金水木火。依其相生之序。土旺四季。中央至尊。土生金。金生水。水生木。木生火。火又生土。終始循環而不息也。土星中央鎮星。金星西方太白。水星北方太陰。木星東方歲星。火星南方熒惑。八宮六十四卦。乾宮首由鎮星入卦。五行中土最尊。乾上爻世位戍土。與坤土飛伏。鎮爲土星。故首入焉。次太白入姤。太陰入遯。歲星入否。熒惑入觀。以下各卦依次配合五星。循環周轉。最後兌宮歸妹卦入歲星而止。土星始。木星終。土金水木四星各歷十三轉。火星祇十二轉耳。京氏但言列宿。不詳附星。二十八宿分布四方。每方各列七宿。奎婁胃昴畢觜參爲西方列宿。井鬼柳星張翼軫爲南方列宿。角亢氐房心尾箕爲東方列宿。斗牛女虛危室壁爲北方列宿。八宮乾卦首值西方殿末之參宿。西方金行。乾爲金象。故起宿焉。自一世姤卦至歸魂大有。依次分值南方七宿。以下各宮諸卦。分值東方北方西方之列宿。循環至參宿。復繞至南方。由是而東而西。凡經兩轉。最後兌宮歸妹卦降軫宿而止。軫宿居南方七宿之終。爲朱鳥之尾。故終值焉。西方參宿與南方井鬼柳星張翼軫七宿。此八宿共歷三轉。二十八宿倍之爲五十六。加以八數。即六十四卦之數。京氏於列宿中以計都當斗宿之位。陰陽變化。以循環周轉爲用。五星歸妹入歲星而止。不能迴環與乾卦所入之鎮星相銜接。二十八宿歸妹降軫宿而止。如迴環乾卦所降之參宿。相距更遠。六十四卦之數。五與二十八皆除之不盡。故循環有窮時也。星宿五行有與卦宮同者。如乾卦參宿以金宿入金宮。震卦歲星角宿以木星木宿入木宮。是也。又有與六爻中世位同者。如乾卦鎮土星。入世位上九壬戌土。遯卦鬼火宿。入世位六二丙午火。是也。諸宿入卦。爻辭取象。頗有相關者。坤宮大壯九三角象。取角宿。巽宮无妄六三牛象。取牛宿。是皆直接就所降之宿名取象者也。

八宮六十四卦五星值位表 以圈爲識

卦＼星	鎮土星	太白金星	太陰水星	歲木星	熒惑火星
乾	○				
姤		○			
遯			○		
否				○	

觀	剝	晉	大有	震	豫	解	恆	升	井	大過	隨
	○					○					○
		○					○				
			○					○			
				○					○		
○					○					○	

坎	節	屯	既濟	革	豐	明夷	師	艮	賁	大畜	損
				○					○		
○					○					○	
	○					○					○
		○					○				
			○					○			

睽	履	中孚	漸	坤	復	臨	泰	大壯	夬	需	比
		○					○				
			○					○			
				○					○		
○					○					○	
	○					○					○

卦					
巽	○				
小畜		○			
家人			○		
益				○	
无妄					○
噬嗑	○				
頤		○			
蠱			○		
離				○	
旅					○
鼎	○				
未濟		○			

蒙	渙	訟	同人	兌	困	萃	咸	蹇	謙	小過	歸妹
			○					○			
				○					○		
○					○					○	
	○					○					○
		○					○				

八宮六十四卦二十八宿値位表 以圈爲識

宿＼卦	乾	姤	遯	否	觀	剝	晉	大有
參	○							
井		○						
鬼			○					
柳				○				
星					○			
張						○		
翼							○	
軫								○
角								
亢								
氐								
房								
心								
尾								
箕								
計								
牛								
女								
虛								
危								
室								
壁								
奎								
婁								
胃								
昴								
畢								
觜								

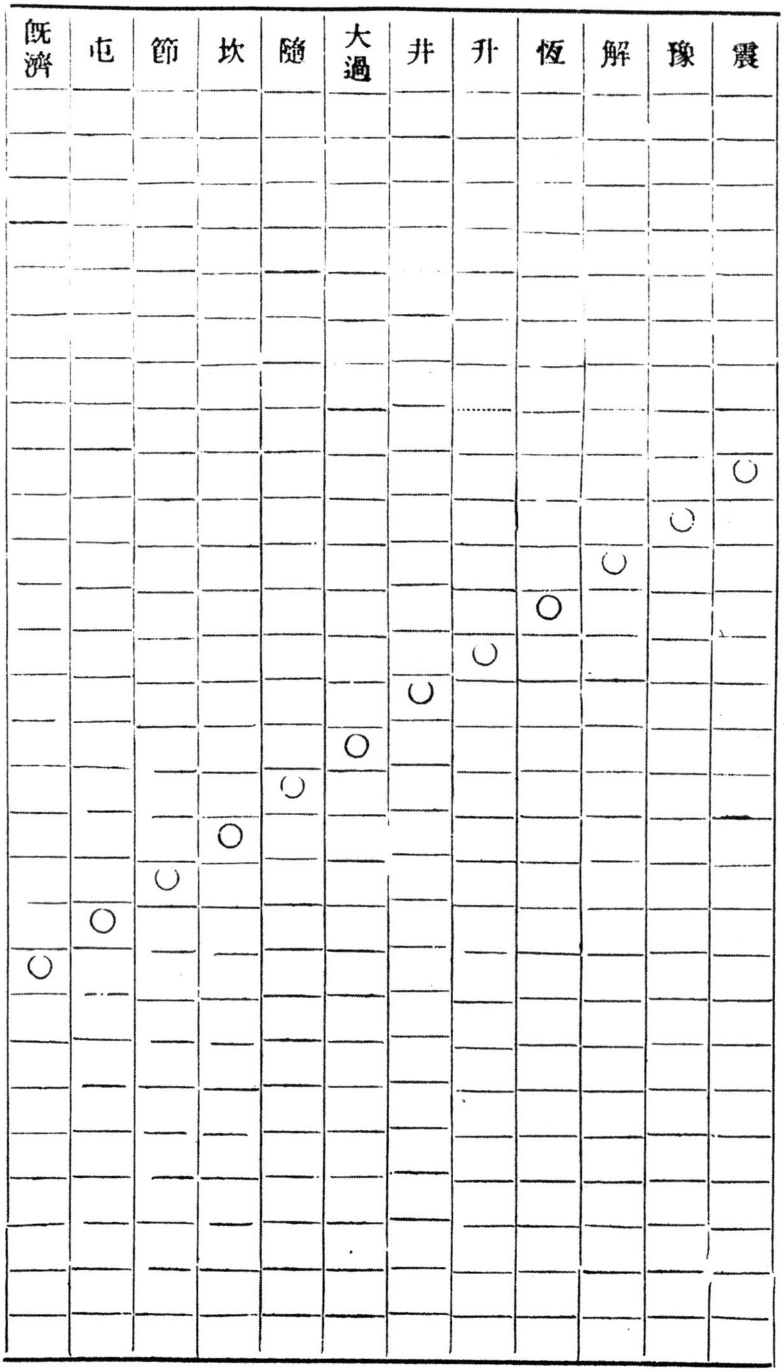

震	豫	解	恆	升	井	大過	隨	坎	節	屯	既濟

革	豐	明夷	師	艮	賁	大畜	損	睽	履	中孚	漸
								○			
									○		
										○	
											○
○											
	○										
		○									
			○								
				○							
					○						
						○					
							○				

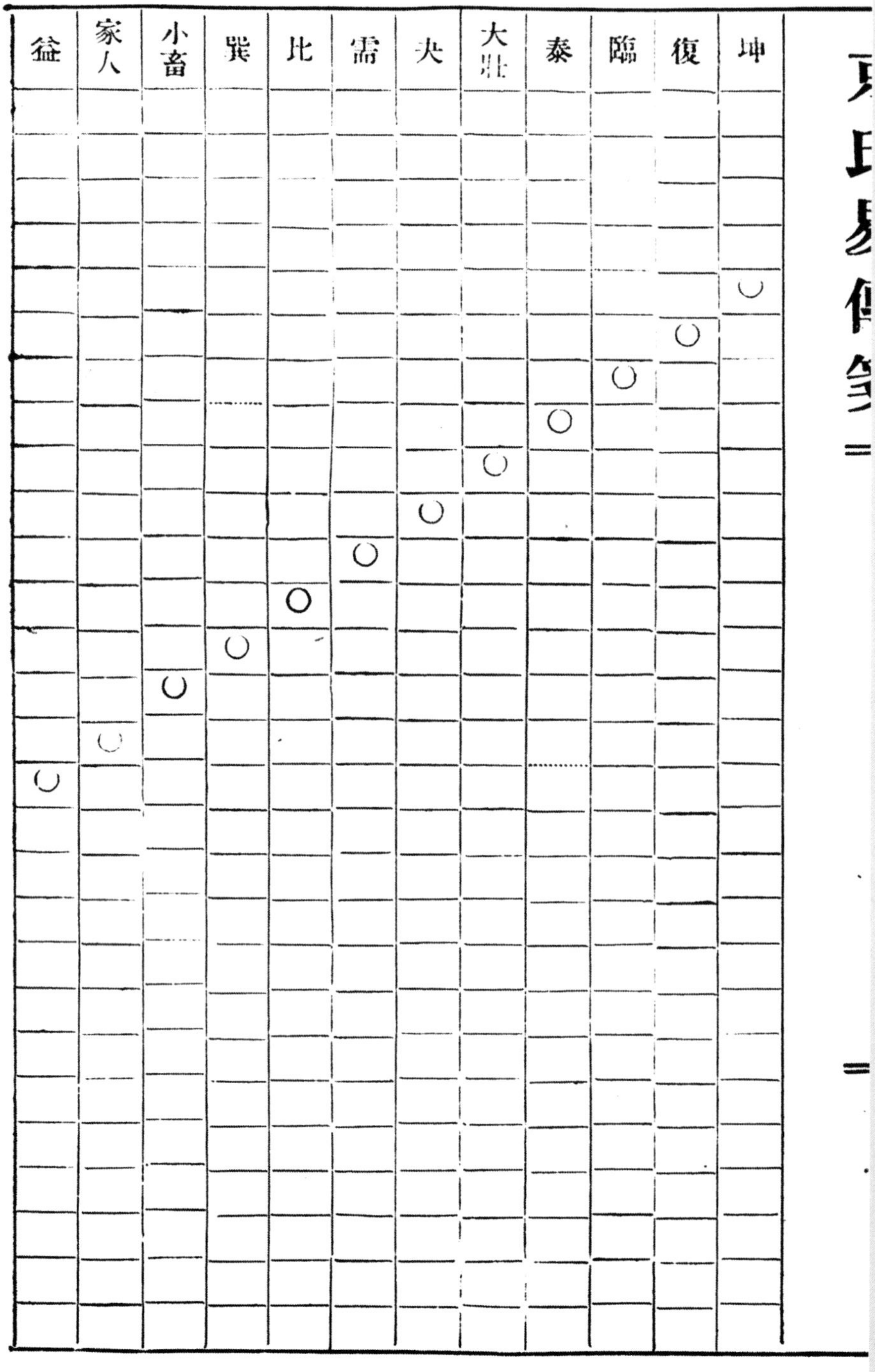

坤　復　臨　泰　大壯　夬　需　比　巽　小畜　家人　益

无妄	噬嗑	頤	蠱	離	旅	鼎	未濟	蒙	渙	訟	同人
○											
	○										
		○									
			○								
				○							
					○						
						○					
							○				
								○			
									○		
										○	
											○

歸妹	小過	謙	蹇	咸	萃	困	兌
							○
						○	
					○		
				○			
			○				
		○					
	○						
○							

氣候分數

氣候分數、從世位建始之爻計起。京氏謂其數起元首。見坎宮革卦是也。此所謂元首者。非指第五爻至尊。乃當世位之一爻也。震卦陸注可參考。六十四卦。每卦六爻分建六辰。或歷十二節。或歷十節。建始干支或陽剛。或陰柔。凡建始陽剛而歷十二節者。分氣候三十六。建始陰柔而歷十節者。分氣候二十八。每一節有三候。即初候中候即次候末候。十二節以三乘之。爲三十六。十節乘三。氣候當分三十。而縮其二爲二十八者。則起建之時。初候不足。止建之時。末候不足。四九三十六。每月六候。卽六六三十六。得周天成數三百六十度十分之一。四七二十八。合列宿之數也。陽盈之卦三十有二。陰虛之卦亦三十有二。四爲時數。四象法四時三十二加四爲三十六。三十二減四爲二十八。陰陽升降。盈虛消長。三十六加二十八。仍六十四卦之數也。乾宮建始甲子陽剛。歷十二節。分氣候三十六。隔六辰而一世姤卦建始庚午陽剛。歷十二節。故分氣候仍爲三十六。二世遯卦至游魂歸魂卦。建始陰柔。歷十節。與陽剛歷十二節。錯綜相間。震宮建始丙子陽剛。歷十二節。分氣候三十六。其後不隔辰。而一世豫卦建始丁丑陰柔。歷十節。氣候二十八。自此至游魂歸魂皆陰虛與陽盈相間。坎宮八卦與乾宮同例。原書自一世節卦至歸魂師卦。氣候分數。迭相舛誤。二十八皆當作三十六。三十六皆當作二十八。艮宮八卦與震宮同例。二世大畜卦分氣候三十六。原書誤作二十八。離宮一世旅卦分氣候二十八。原書誤作三十六。兌宮二世萃卦分氣候三十六。原書誤作二十八。三世咸卦分氣候二十八。原書誤作三十六。

八宮六十四卦節候數目表

卦／節候	節氣經歷	氣候分數
乾	十二	三十六
姤	十二	三十六
遯	十	二十八
否	十二	三十六
觀	十	二十八
剝	十二	三十六
晉	十	二十八
大有	十二	三十六
震	十二	三十六
豫	十	二十八
解	十二	三十六
恆	十	二十八
升	十二	三十六
井	十	二十八
大過	十二	三十六
隨	十	二十八
坎	十二	三十六
節	十二	三十六
屯	十	二十八
既濟	十二	三十六
革	十	二十八
豐	十二	三十六
明夷	十	二十八
師	十二	三十六

艮	賁	大畜	損	睽	履	中孚	漸	坤	復	臨	泰
十二	十	十二	十	十二	十	十二	十	十二	十	十二	十
三十六	二十八	三十六	二十八	三十六	二十八	三十六	二十八	三十六	二十八	三十六	二十八

大壯	夬	需	比	巽	小畜	家人	益	无妄	噬嗑	隨	蠱
十二	十	十二	十	十二	十	十二	十	十二	十	十二	十
三十六	二十八	三十六	二十八	三十六	二十八	三十六	二十八	三十六	二十八	三十六	二十八

離	十二	三十六
旅	十	二十八
鼎	十二	三十六
未濟	十	二十八
蒙	十二	三十六
渙	十	二十八
訟	十二	三十六
同人	十	二十八
兌	十二	三十六
困	十	二十八
萃	十二	三十六
咸	十	二十八
蹇	十二	三十六
謙	十	二十八
小過	十二	三十六
歸妹	十	二十八

卦主

六十四卦莫不有成卦之主。或一爻。或兩爻。陽剛陰柔。以卦而論。京氏所言關於成卦者。約五之一耳。乾宮觀卦云。取六四止於九五。成卦之終也。剝卦云。成剝之義。出於上九。震宮豫卦云。成卦之義。在於九四一爻。解卦云。成卦之義。在於九二。坎宮本卦云。成坎之德。在於九五九二也。艮宮大畜卦云。二陰猶盛。成于畜義。又云以柔居尊。為畜之主。損卦云。成高之義。在於六三。坤宮臨卦云。用於陽長之爻。成臨之義。泰卦云。存泰之義。任於六五。巽宮小畜卦云。小畜之義。在於六四。家人卦云。酌中之義。在於六二。離宮本卦云。陽爲陰主。陽伏於陰也。陰雖成卦義在六五旅卦云。六五爲卦之主。同人卦云。吉凶之兆。在乎五二。兌宮謙卦云。一陽居內卦之上。爲謙之主。昂按京氏所舉剝豫解損泰小畜家人旅謙諸卦。皆一爻爲卦主。大畜兩陰相重。而成卦在六五。同人五二相應。而成卦在六二。亦一爻爲卦主也。解成卦在九二。家人在六二。解例震宮二世。家人列巽宮二世也。損由泰初推遷之上。卦主在上九。京氏言六三者。以艮宮三世。變至第三爻成損也。泰爲陽息之卦。主在九二。京氏以存泰任六五者。重尊位也　又所舉觀坎臨離四卦。皆兩爻爲卦主。觀九五上九兩陽爻爲卦主。京氏言六四止於九五者。以兩陽爻之中。九五至尊尤貴　乾宮變至第四爻。成四世觀卦。故取六四也。臨卦所謂陽長之爻。該初九九二兩陽爻而言也。離卦以六二六五兩陰爻爲卦主。猶之坎卦九二九五兩陽爻爲卦主。京氏於離卦云　陽爲陰主。陽伏於陰也。按乾元資始。陽本爲陰主。而坎離對象。坎水陰體而陽生其中。離火陽體而陰凝其內。各以二五兩爻爲卦主。而坎陽尤重九五。離陰尤重六二也。

互卦

六爻交互成體。不僅一象。京氏或取一互、或取兩互。陽宮祇大過中孚兩卦言互體。陰宮取互象較多。其取一互者。如艮宮中孚卦云。互體見民。民字當作艮。謂三四五爻互艮也。兌宮困卦云。坎象互見離火入兌。謂二三四互離也　萃卦云。象互見艮。謂二三四互艮也。取兩互者。如震宮大過卦云。互體象乾。謂二三四與三四五互成重乾也。巽宮家人卦云。互體見文明。謂下離兼三四五互離也。又言遇坎險象。謂二三四互坎也。益卦云。互見坤。謂二三四互坤也。又言外見艮。謂三四五互艮也。无妄卦云。內互見艮。謂二四互艮也。又云。外互見巽。謂三四五互巽也。蠱卦云。內互悅而動。謂二三四互兌爲悅。三四五互震爲動也。離宮本卦云。互見悅順。謂二三四互巽爲順。三四五互兌爲悅也。渙卦云。互見動而上。上字當作止。謂二三四互震而動。三四五互艮而止也。兌宮本卦云。內卦互體見離巽。謂二三四互離。三四五互巽也。歸妹卦云。互見離坎。同於未濟。二三四本互離。三四五本互坎。而京氏實取象二三半坎四五半離。爻位失正。與未濟同。不同於下離上坎之既濟。此於互體之中寓以半體者也。至渙卦又云。陰陽二象。資而益也。取次爻至上爻互成益卦。此又互體之一例也。

附卦氣貞辰

京氏有納辰建候之例。漢學之卦氣貞辰。緣之而起。四時方伯卦。坎起於十一月中氣冬至。離起於五月中氣夏至。冬至而後陽生。有坎卦子水。夏至而後陰生。有離卦午火也。春分而震木旺。秋分而兌金旺。理可推見。或以坎配十月十一月十二月。震配正二三月。離配四五六月。兌配七八九月。似近直率。後天八卦。以離當先天之乾位。坎當先天之坤位。乾歸魂在離。坤歸魂在坎、故離坎各爲冬夏之方伯。以主卦氣。坎陽在中爲中男。離陰在中爲中女。易之道在乎中也。震爲長男。主東方。巽爲長女。而西方獨取兌卦爲主。蓋震重在始。陽始於震。坤重在終。陰終於兌。繫辭所謂乾知大始。坤作成物也。兌雖爲方伯卦。而巽兌兩陰卦。依卦序之陰陽推之。巽在前爲陽卦。兌在後爲陰卦。巽兌同貞於酉。兌宜退一辰而貞戌。以坤陰相生之次第推之。巽爲長女。兌爲少女。亦宜少不陵長。離卦避坎子相衝。由午退貞於未。而午火自任。兌卦避巽酉同辰。由酉退貞於戌。而酉金自任。或以巽退貞戌。而兌不退辰。非也。甲子中孚冠卦氣。而十一月子從未濟始。六十四卦終於未濟。而在卦氣之中。辟卦坤陰弱盡以後。陽氣子水之萌動。始於未濟。由未濟而蹇頤。至中孚爲冬至。由是乾陽生於辟卦復初而交於坎焉。自十一月節未濟子。至十月中坤亥。陽月五卦同一地支。分冠以戊庚壬甲丙五干。陰月五卦同一地支。再分冠以己辛癸乙丁五干。依每月所值地支。循環配合天干。卦氣並見矣。京傳乾宮一世至五世。遯否觀剝五卦。坤宮一世至五世。復臨泰大壯夬五卦。世位建候地支。揆之卦氣。皆相符也。

卦氣貞辰表

節氣	方伯卦	初候	次候	末候
十一月中冬至	坎 貞子	中孚 甲子	復 丙子 退貞丑	屯 己丑
十二月節小寒	坎	屯 己丑	謙 辛丑	睽 癸丑
十二月中大寒	坎	升 乙丑 退貞寅	臨 丁丑	小過 戊寅
正月節立春	坎	小過 戊寅 退貞未	蒙 庚寅	益 壬寅 退貞卯
正月中雨水	坎	漸 甲寅	泰 丙寅	需 己卯
二月節驚蟄	坎	需 己卯	隨 辛卯	晉 癸卯
二月中春分	震 貞卯	解 乙卯	大壯 丁卯 退貞辰	豫 戊辰
三月節清明	震	豫 戊辰	訟 庚辰	蠱 壬辰
三月中穀雨	震	革 甲辰	夬 丙辰	旅 己巳
四月節立夏	震	旅 己巳 退貞午	師 辛巳	比 癸巳 退貞午
四月中小滿	震	小畜 乙巳	乾 丁巳 退貞子	大有 戊午
五月節芒種	震	大有 戊午 退貞未	家人 庚午	井 壬午 退貞未

月候	卦	貞辰	卦	干支	卦	干支	卦	干支
五月中夏至	離	由午退貞未	咸	甲午	遯	丙午退貞未	鼎	己未
六月節小暑	離		鼎	己未	豐	辛未	渙	癸未
六月中大暑	離		履	乙未退貞申	遯	丁未	恆	戊申
七月節立秋	離		恆	戊申退貞酉	節	庚申	同人	壬申
七月中處暑	離		損	甲申	否	丙申	巽	己酉
八月節白露	離		巽	己酉	萃	辛酉	大畜	癸酉
八月中秋分	兌	由酉退貞戌	賁	乙酉退貞戌	觀	丁酉退貞戌	歸妹	戊戌
九月節寒露	兌		歸妹	戊戌退貞亥	无妄	庚戌	明夷	壬戌
九月中霜降	兌		困	甲戌	剝	丙戌	艮	己亥
十月節立冬	兌		艮	己亥退貞子	既濟	辛亥	噬嗑	癸亥
十月中小雪	兌		大過	乙亥	坤	丁亥由子退貞未	未濟	戊子
十一月節大雪	兌		未濟	戊子	蹇	庚子	頤	壬子

卦氣貞辰與納辰或建候干支相同之統計

卦氣干支有與納辰同者。有與建始或建候同者。又有干支同納辰而天干兼與建始同者。有干支同納辰。而天干兼同他辰。地支又同建始者。至於卦氣天干或地支同納辰或建候者。不一而足也。貞辰退位。亦有與世位納辰或建始同地支者。

卦氣干支同納辰

鼎卦氣己未。納辰六五己未。　同人卦氣壬申。納辰九五壬申。

卦氣干支同建始

履卦氣乙未。九五世位建始乙未。　无妄卦氣庚戌。九四世位建始庚戌。（建始不依京氏）

卦氣干支同建候

屯卦氣己丑。建候上六巳丑。　井卦氣壬午。建候上六壬午。　巽卦氣己酉。建候九三己酉。（建候不依京氏）

卦氣干支同納辰天干兼同建始

旅卦候己巳。納辰上九己巳。初六世位建始天干配己。

卦氣干支同納辰兼天干同世位納辰地支同建候

臨卦氣丁丑。納辰六三丁丑。九二世位天干納丁。地支建丑。

卦氣干支同納辰兼天干同世位納辰地支同建始

剝卦氣丙戌。納辰六四丙戌。六五世位天干納丙。建始地支配戌。

卦氣天干同世位納辰

未濟卦氣戊子。六三世位天干納戊。內卦三爻皆納戊

卦氣地支同世位納辰

既濟卦氣辛亥。九三世位地支納亥。　大過卦氣乙亥。九四世位地支納亥。

卦氣天干同建始

大有卦氣戊午。九三世位建始天干配戊。　渙卦氣癸未。九五世位建始天干配癸。

卦氣地支同建始

中孚卦氣甲子。六四世位建始地支配子。　復卦氣丙子。初九世位建子。　謙卦氣辛丑。六五世位建始地支配丑。建始不依京氏　泰卦氣丙寅。九三世位建寅。　晉卦氣癸卯。九四世位建始地支配卯。

大壯卦氣丁卯。九四世位建卯。　夬卦氣丙辰。九五世位建辰。　遘卦氣丙午。初六世位建始地支配午。　遯卦氣丁未。六二世位建始地支配未。　節卦氣庚申。初九世位建始地支配申。　否卦氣丙申。六三世位建始地支配申。　觀卦氣丁酉。六四世位建始地支配酉。　噬嗑卦氣癸亥。六五世

位建始地支配亥。建始不依京氏 蹇卦氣庚子。六四世位建始地支配子。建始不依京氏

退位貞辰同世位納辰

履由未退貞申。九五世位地支納申。恆由申退貞酉。九三世位地支納酉。

退位貞辰同建始地支

乾由巳退貞子。上九世位建始地支配子。

心一堂術數古籍整理叢刊

書名	作者	整理
全本校註增刪卜易	【清】野鶴老人	李凡丁（鼎升）校註
紫微斗數捷覽（明刊孤本）附點校本	傳【宋】陳希夷	馮一、心一堂術數古籍整理小組點校
紫微斗數全書古訣辨正	傳【宋】陳希夷	潘國森辨正
應天歌（修訂版）附格物至言	【宋】郭程撰　傳	莊圓整理
壬竅	【清】無無野人小蘇郎逸	劉浩君校訂
奇門祕覈（臺藏本）	【元】佚名	李鏘濤、鄭同校訂
臨穴指南選註	【清】章仲山　原著	梁國誠選註
皇極經世真詮—國運與世運	【宋】邵雍　原著	李光浦

心一堂當代術數文庫

書名	作者
增刪卜易之六爻古今分析	愚人
命理學教材（第一級）	段子昱
命理學教材 之 五行論命口訣	段子昱
斗數詳批蔣介石	潘國森
潘國森斗數教程（一）：入門篇	潘國森
紫微斗數登堂心得：三星秘訣篇——潘國森斗數教程（二）	潘國森
紫微斗數不再玄	犂民
玄空風水心得（增訂版）（附流年催旺化煞秘訣）	李泗達
玄空風水心得（二）——沈氏玄空學研究心得（修訂版）附流年飛星佈局	李泗達
廖氏家傳玄命風水學（一）——基礎篇及玄關地命篇	廖民生
廖氏家傳玄命風水學（二）——玄空斗秘篇	廖民生
廖氏家傳玄命風水學（三）——楊公鎮山訣篇 附 斷驗及調風水	廖民生
廖氏家傳玄命風水學（四）——秘訣篇：些子訣、兩元挨星、擇吉等	廖民生
《象數易——六爻透視：入門及推斷》修訂版	愚人
《象數易——六爻透視 財股兩望》	愚人
《象數易——六爻透視：病在何方》	愚人
《象數易——六爻透視：自身揭秘》	愚人
命卜隨筆	林子傑

心一堂 易學經典文庫　已出版及即將出版書目

書名	作者
宋本焦氏易林（上）（下）	【漢】焦贛
周易易解（原版）（上）（下）	【清】沈竹礽
《周易示兒錄》附《周易說餘》	【清】沈竹礽
三易新論（上）（中）（下）	沈瓞民
《周易孟氏學》《周易孟氏學遺補》《孟氏易傳授考》	沈瓞民
京氏易八卷（清《木犀軒叢書》刊本）	【漢】京房
京氏易傳古本五種	【漢】京房
京氏易傳箋註	【民國】徐昂
推易始末	【清】毛奇齡
刪訂來氏象數圖說	【清】張恩霨
周易卦變解八宮說	【清】吳灌先
易觸	【清】賀子翼
易義淺述	何遯翁

書名：京氏易傳箋
系列：易學經典文庫
原著：【民國】徐昂
主編•責任編輯：陳劍聰

出版：心一堂有限公司
通訊地址：香港九龍旺角彌敦道六一〇號荷李活商業中心十八樓〇五一〇六室
深港讀者服務中心：中國深圳市羅湖區立新路六號羅湖商業大厦負一層〇〇八室
電話號碼：(852) 67150840
網址：publish.sunyata.cc
淘宝店地址：https://shop210782774.taobao.com
微店地址：　https://weidian.com/s/1212826297
臉書：　　　https://www.facebook.com/sunyatabook
讀者論壇：　http://bbs.sunyata.cc

香港發行：香港聯合書刊物流有限公司
地址：香港新界大埔汀麗路36號中華商務印刷大廈3樓
電話號碼：(852) 2150-2100
傳真號碼：(852) 2407-3062
電郵：info@suplogistics.com.hk

台灣發行：秀威資訊科技股份有限公司
地址：台灣台北市內湖區瑞光路七十六巷六十五號一樓
電話號碼：+886-2-2796-3638
傳真號碼：+886-2-2796-1377
網絡書店：www.bodbooks.com.tw
心一堂台灣秀威書店讀者服務中心：
地址：台灣台北市中山區松江路二〇九號1樓
電話號碼：+886-2-2518-0207
傳真號碼：+886-2-2518-0778
網址：http://www.govbooks.com.tw

中國大陸發行　零售：深圳心一堂文化傳播有限公司
深圳地址：深圳市羅湖區立新路六號羅湖商業大厦負一層008室
電話號碼：(86)0755-82224934

版次：二零一九年六月初版，平裝

定價：港幣　一百三十八元正
　　　新台幣　五百八十元正

國際書號 ISBN 978-988-8582-82-2